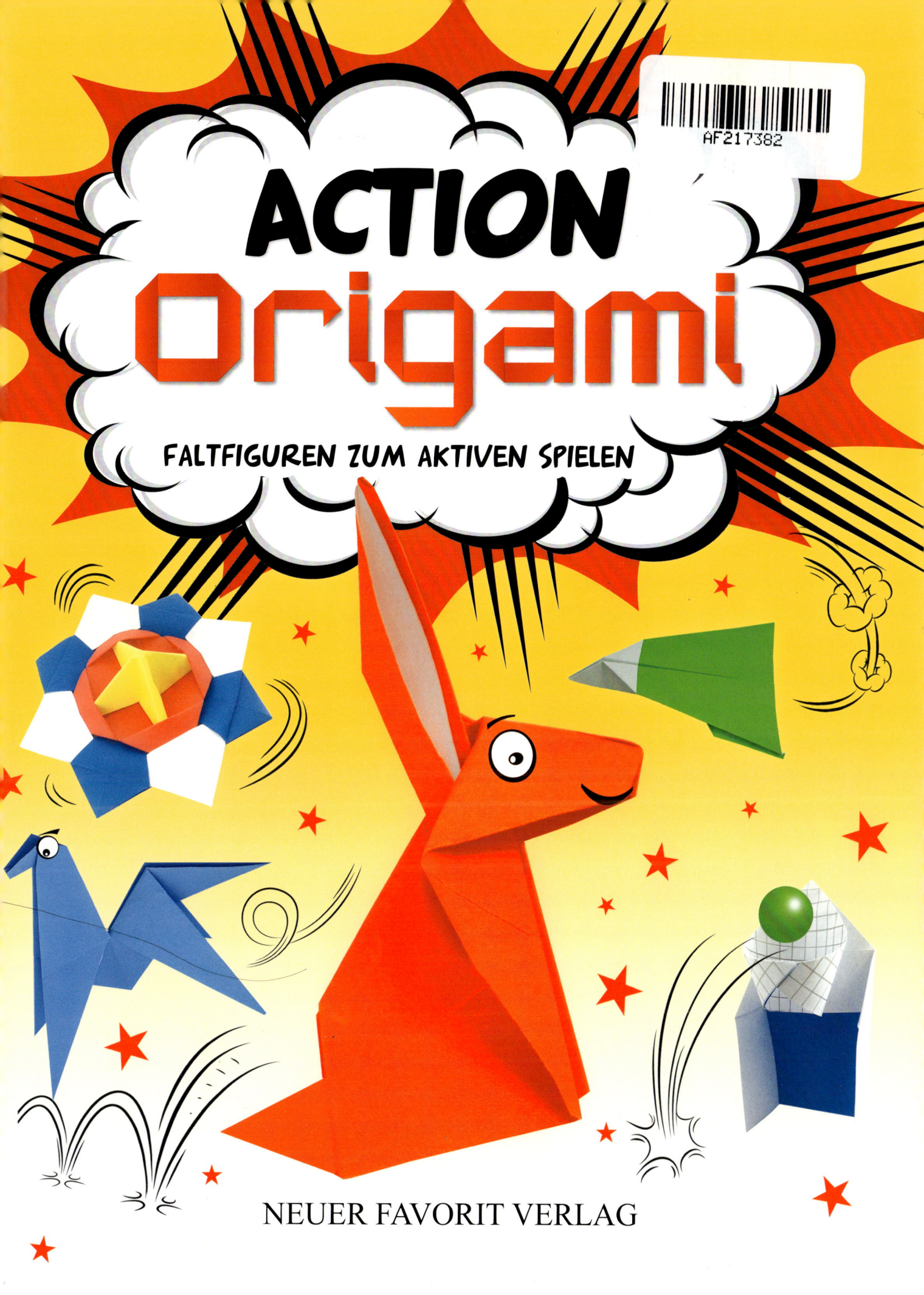

# ACTION Origami

## FALTFIGUREN ZUM AKTIVEN SPIELEN

NEUER FAVORIT VERLAG

Erstveröffentlichung unter dem Titel:
„Action Origami"
© Arcturus Holdings Limited 2016

Genehmigte Lizenzausgabe
NEUER FAVORIT VERLAG GmbH
Industriestraße 19
64407 Fränkisch-Crumbach 2018
www.neuer-favorit-verlag.de

Entwicklung: Tokiko Morishima
Modelle und Fotografie: Belinda Webster, Michael Wiles
Text: Joe Fullman
Übersetzung: design cat GmbH

ISBN 978-3-8494-2505-0

# Inhalt

# Einleitung

Origami, die jahrhundertealte japanische Kunst des Papierfaltens, ist inzwischen überall auf der Welt äußerst beliebt. Action Origami ist eine spezielle Art von Origami, mit der man den Figuren Leben einhauchen kann: Vom Motorboot über den Würfel bis hin zu einem bellenden Hund findest du in diesem Buch fantastische Figuren, die fliegen, schwimmen, springen oder sogar zaubern können. Du brauchst lediglich ein Blatt Papier und deine Finger – und schon kann's losgehen!

# Wie man anfängt

Für Origami benutzt man dünnes Papier. Es muss trotzdem stabil sein, damit es viele Male gefaltet werden kann, ohne zu reißen. Das diesem Buch beiliegende Papier ist ideal dafür, aber du kannst auch anderes benutzen, das nicht zu dick ist.

Für viele Origami-Figuren werden dieselben Faltungen benutzt. Deshalb findest du hier die wichtigsten Faltungen, die du für die Figuren in diesem Buch kennen solltest. Hier kannst du auch nachlesen, was die Pfeile und die anderen Symbole in den Anleitungen bedeuten. Und denke daran: Das Papier immer gut knicken!

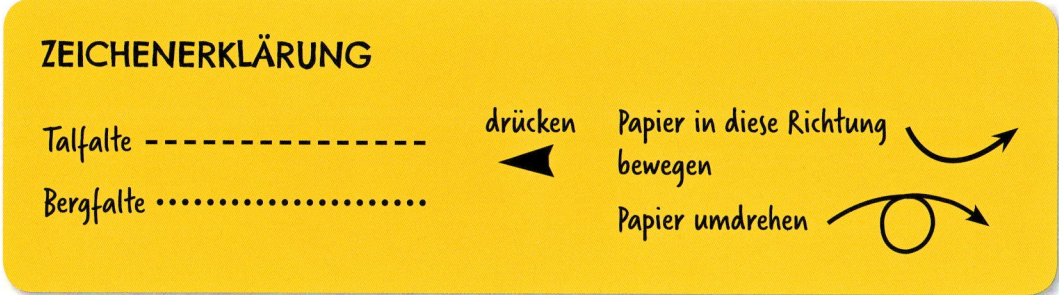

**ZEICHENERKLÄRUNG**

Talfalte - - - - - - - - - - - - -

Bergfalte · · · · · · · · · · · · · ·

◀ drücken

Papier in diese Richtung bewegen

Papier umdrehen

## BERGFALTE

Um eine Bergfalte zu machen, falte das Papier so, dass die Falte zu dir zeigt, wie ein Berg.

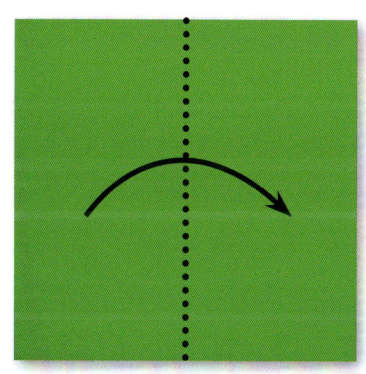

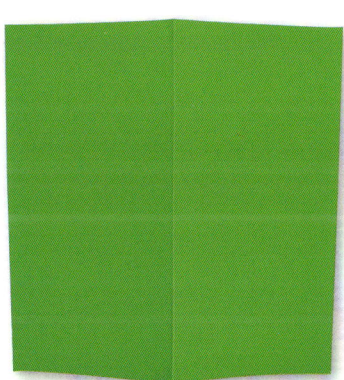

## TALFALTE

Um eine Talfalte zu machen, falte das Papier andersherum, sodass die Falte von dir weg zeigt, wie ein Tal.

## GEGENBRUCH NACH INNEN

Einen „Gegenbruch nach innen" musst du falten, um einen Teil der Origami-Figur flach zu gestalten. Diese Faltung kommt beim Zauberhasen (Seite 50) und beim springenden Pferd (Seite 74) vor.

**1** Falte dein Papier diagonal in der Mitte. Falte an einer Ecke eine Talfalte und knicke sie um.

**2** Es ist wichtig, dass das Papier gut geknickt wird. Streiche den Knick mit den Fingern zwei- oder dreimal nach.

**3** Entfalte den Knick und öffne die Ecke ein wenig. Falte den hinteren Knick zu einer Bergfalte.

**4** Öffne das Papier noch mehr und ziehe die Spitze der Ecke nach innen. Schließe das Papier. Dies ist die Ansicht auf die Unterseite des Papiers.

**5** Drücke das Papier flach. Jetzt hast du einen nach innen gefalteten Gegenbruch.

## GEGENBRUCH NACH AUSSEN

Einen „Gegenbruch nach außen" musst du falten, um einen Teil der Origami-Figur hervorstehend zu gestalten. Diese Faltung kommt beim Entchen (Seite 58) und beim bellenden Hund (Seite 88) vor.

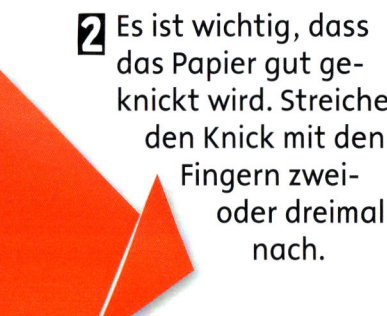

**1** Falte das Papier diagonal in der Mitte. Falte an einer Ecke eine Talfalte und knicke sie um.

**2** Es ist wichtig, dass das Papier gut geknickt wird. Streiche den Knick mit den Fingern zwei- oder dreimal nach.

**3** Entfalte den Knick wieder und öffne die Ecke. Öffne auch den hinteren Teil ein wenig.

**4** Ziehe die Spitze der Ecke nach oben. Drücke dabei den zuvor entstandenen Knick als Talfalte nach unten.

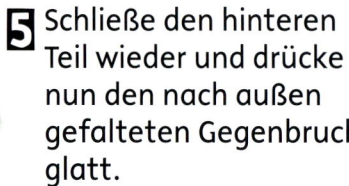

**5** Schließe den hinteren Teil wieder und drücke nun den nach außen gefalteten Gegenbruch glatt.

# Im Flug

Ein Vogel ... ein Flugzeug ... ein fliegendes Origami! Erobere den Himmel mit dieser großartigen Sammlung von flatternden und fliegenden Figuren!

Brumm!

Düsenjet

Drachen

Helikopter

Flatternder Vogel

Süüüß!

Fliegender Valentinsgruß

# Drachen

Höher und immer höher! Dieser Drachen kann wirklich fliegen. Binde besser eine Schnur daran, damit er nicht davonfliegt!

**1** Lege ein quadratisches Papier diagonal vor dich auf den Tisch. Falte die linke Hälfte mit einer Talfalte nach rechts.

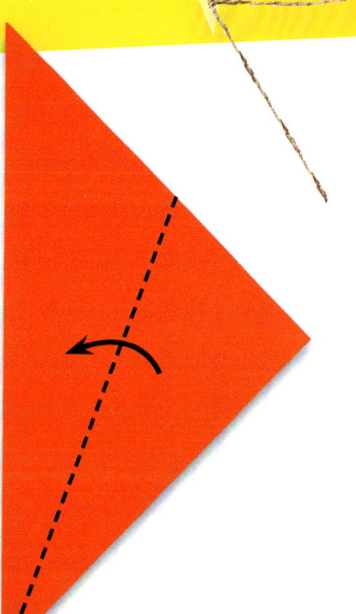

**2** Falte die rechte Ecke der oberen Lage mit einer Talfalte zur linken Kante.

**3** Jetzt sieht das Papier so aus.

**4** Drehe das Papier um und falte nun die linke Ecke der oberen Lage mit einer Talfalte zur rechten Kante.

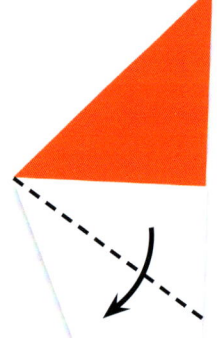

**5** Falte die obere weiße Ecke mit einer Talfalte nach unten an die linke Kante.

**6** Drehe das Papier wieder um.

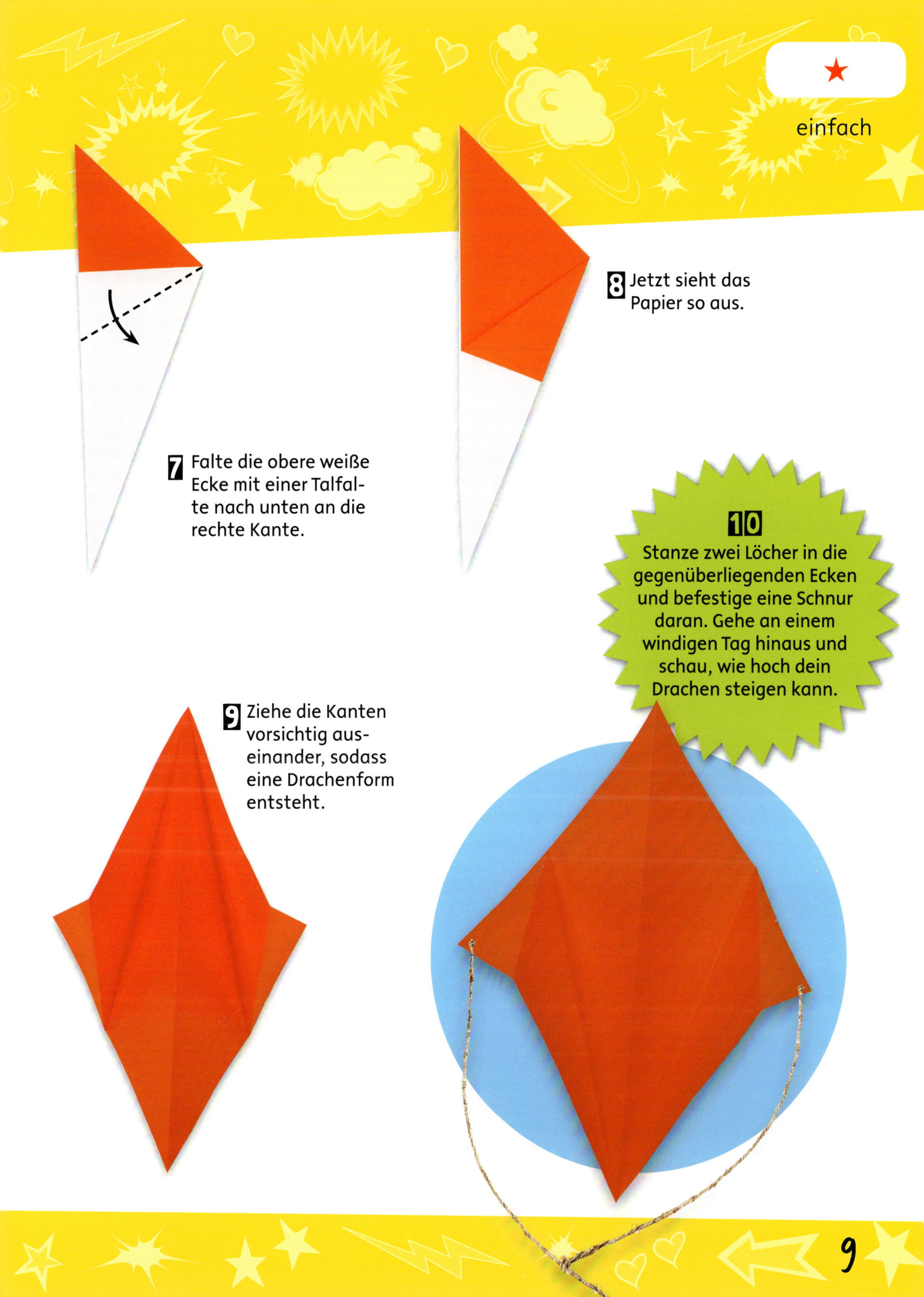

**7** Falte die obere weiße Ecke mit einer Talfalte nach unten an die rechte Kante.

**8** Jetzt sieht das Papier so aus.

**9** Ziehe die Kanten vorsichtig auseinander, sodass eine Drachenform entsteht.

**10**
Stanze zwei Löcher in die gegenüberliegenden Ecken und befestige eine Schnur daran. Gehe an einem windigen Tag hinaus und schau, wie hoch dein Drachen steigen kann.

# Flatternder Vogel

Dieser klassische Origami-Kranich hat eine verborgene Fähigkeit: Er kann flattern! Mit Hilfe dieser Anleitung kannst du deinen eigenen Flattervogel falten.

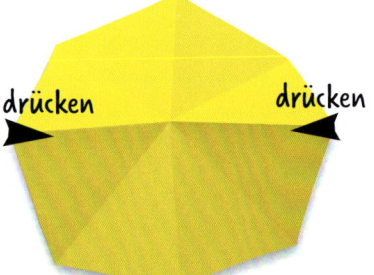

**1** Falte das Papier mit jeweils einer Talfalte diagonal in beide Richtungen.

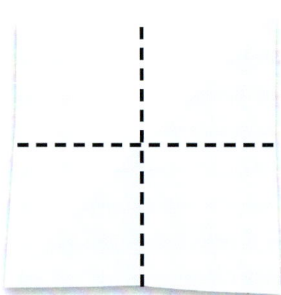

**2** Falte das Papier mit jeweils einer Talfalte zur Hälfte nach unten und zur Seite. Drehe das Papier dann um.

**3** Drücke die linke und rechte Ecke so zusammen, dass die Form zusammenklappt.

drücken

**4** Jetzt sieht das Papier so aus. Drücke den oberen Teil hinunter – es entsteht ein Quadrat.

**5** Falte die rechte Ecke der oberen Lage mit einer Talfalte zur Mitte.

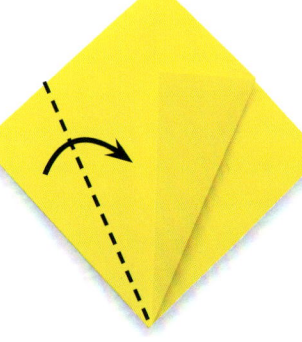

**6** Falte die linke Ecke mit einer Talfalte ebenfalls zur Mitte. Wende das Papier und wiederhole Schritt 5 und 6.

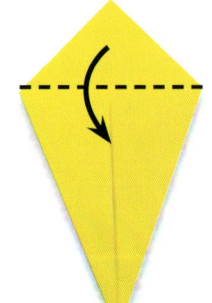

**7** Falte die Spitze mit einer Talfalte bis zur Mitte herunter.

glätten

**8** Entfalte die Faltungen von Schritt 5–7 wieder.

glätten

**9** Hebe die untere Klappe vorsichtig nach oben, sodass eine Tasche entsteht. Glätte die Ecken.

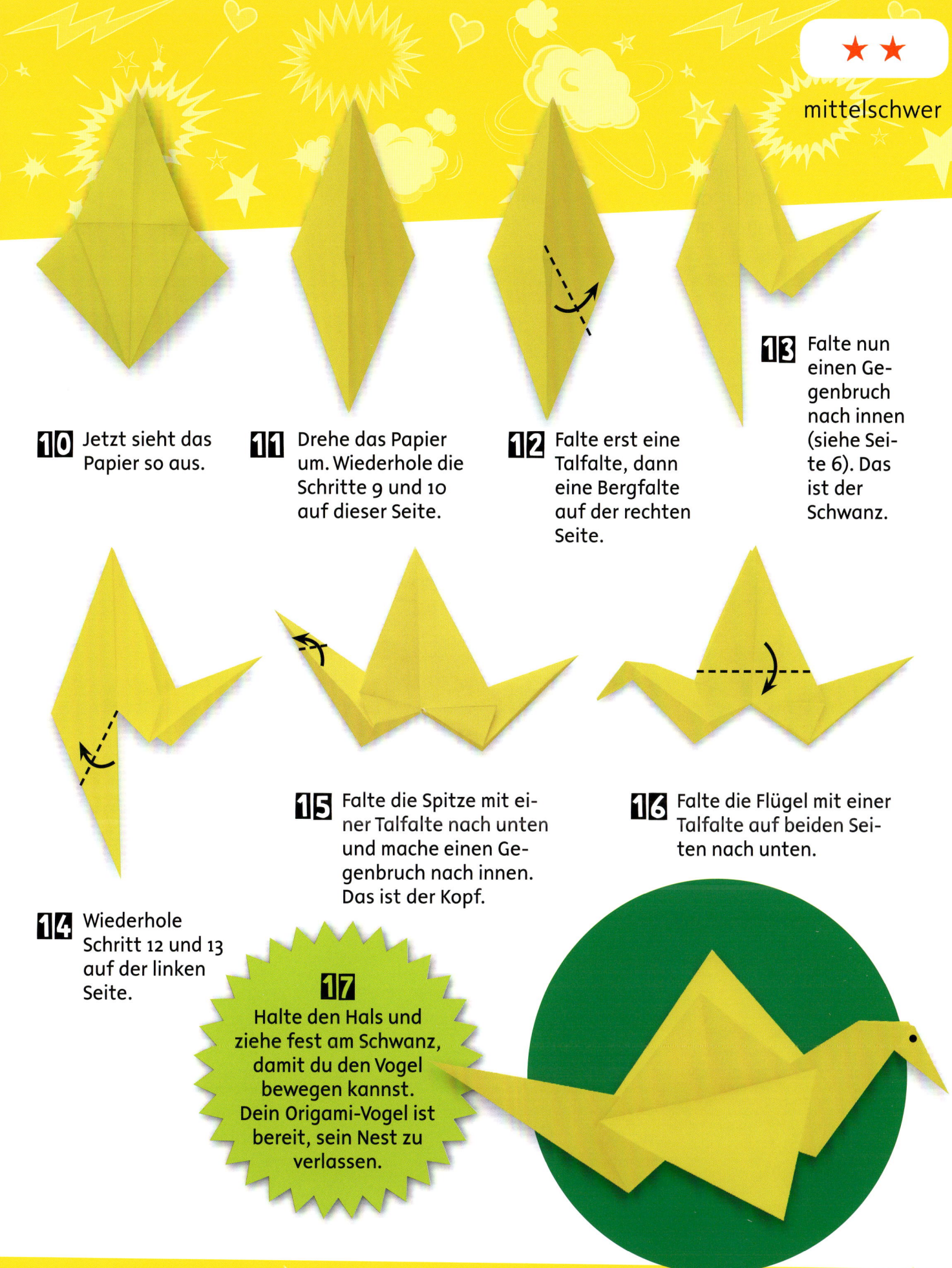

**10** Jetzt sieht das Papier so aus.

**11** Drehe das Papier um. Wiederhole die Schritte 9 und 10 auf dieser Seite.

**12** Falte erst eine Talfalte, dann eine Bergfalte auf der rechten Seite.

**13** Falte nun einen Gegenbruch nach innen (siehe Seite 6). Das ist der Schwanz.

**14** Wiederhole Schritt 12 und 13 auf der linken Seite.

**15** Falte die Spitze mit einer Talfalte nach unten und mache einen Gegenbruch nach innen. Das ist der Kopf.

**16** Falte die Flügel mit einer Talfalte auf beiden Seiten nach unten.

**17** Halte den Hals und ziehe fest am Schwanz, damit du den Vogel bewegen kannst. Dein Origami-Vogel ist bereit, sein Nest zu verlassen.

# Düsenjet

Dieses stromlinienförmige Flugzeug ist besonders schnell. Halte dich genau an die Anleitung, dann fliegt es schneller, als du denkst!

**1** Falte das Papier mit einer Talfalte von rechts nach links und entfalte es wieder.

**2** Falte es mit einer Talfalte von oben nach unten und entfalte es wieder.

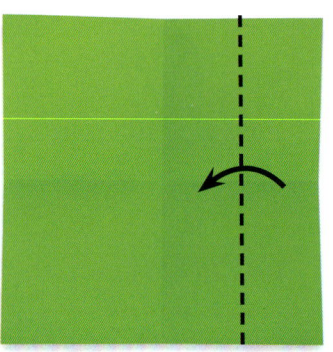

**3** Falte die rechte Kante nach innen bis an den Mittelknick.

**4** So sieht dein Papier nun aus. Drehe es dann um.

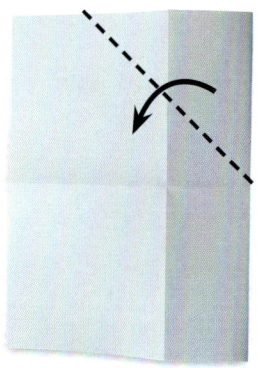

**5** Falte die obere rechte Ecke mit einer Talfalte diagonal nach unten zum Mittelknick.

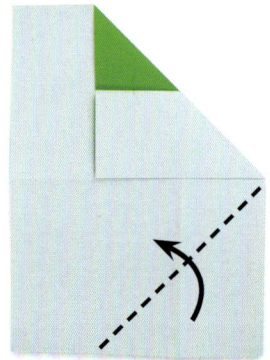

**6** Falte die untere rechte Ecke mit einer Talfalte diagonal nach oben zum Mittelknick.

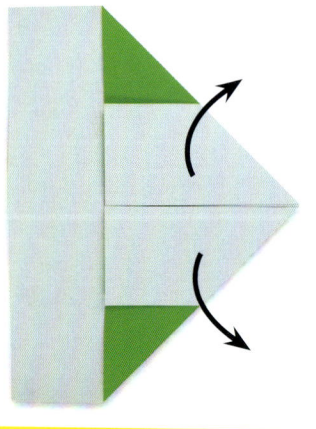

**7** Entfalte die in Schritt 5 und 6 gemachten Faltungen wieder.

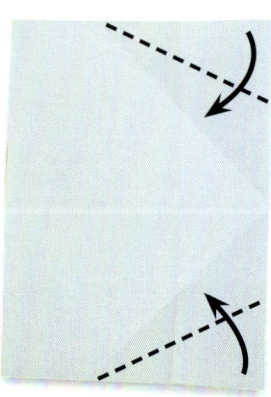

**8** Falte die obere und untere rechte Ecke zu den Faltlinien, die durch die Schritte 5 und 6 entstanden sind.

**9** Falte die rechte obere und untere Ecke zur Mitte hin (Talfalte). Die Spitze ist die Nase des Düsenjets.

**10** Falte die Kanten der Flügel so wie auf dem Bild gezeigt.

**11** Falte das Heck der Flügel, indem du die Ecken nach oben und unten zu den äußeren Kanten hin faltest.

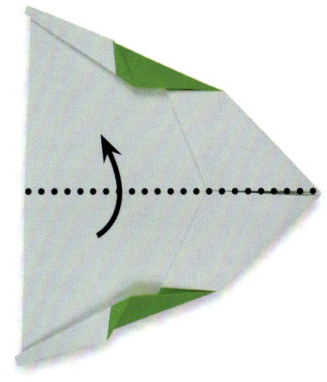

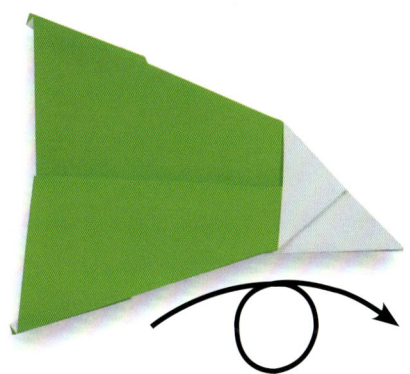

**13** Falte den oberen Flügel mit einer Talfalte nach unten.

**14** Drehe das Papier um.

**12** Falte die Figur in der Mitte mit einer Bergfalte zusammen.

**16** Entfalte die Flügel und lasse deinen Jet durch die Lüfte sausen.

**15** Wiederhole Schritt 13 auf der anderen Seite.

# Fliegender Valentinsgruß

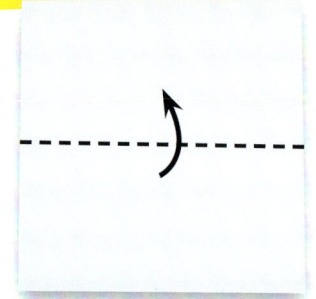

**1** Falte das Papier mit einer Talfalte in der Mitte nach oben, streiche es aber nicht fest.

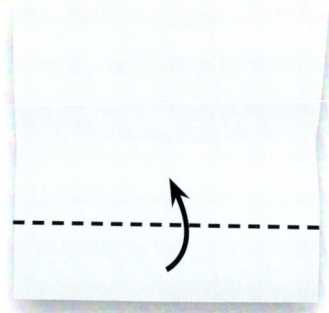

**2** Falte die untere Kante mit einer Talfalte nach oben zur Mittellinie und streiche sie fest.

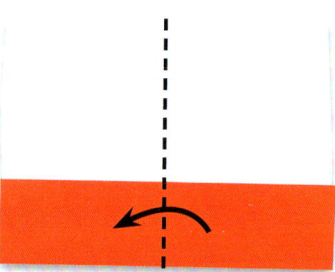

**3** Falte das Papier mit einer Talfalte in der Mitte von rechts nach links, ohne es festzustreichen.

**4** Drehe das Papier um.

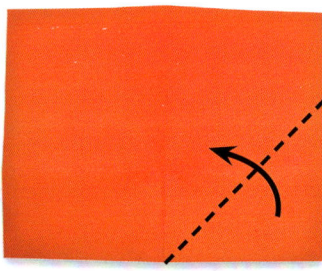

**5** Falte die untere rechte Ecke zur Mitte. Orientiere dich dabei an der Mittellinie.

**6** Falte die untere linke Ecke zur Mitte. Orientiere dich dabei an der Mittellinie.

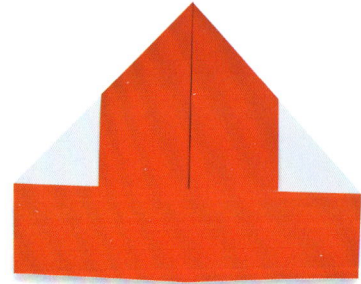

**7** Drehe das Papier um, sodass die Spitze nach oben zeigt.

**8** Wende das Papier und falte die Spitze nach unten, bis auf 2 cm zur Unterkante.

**9** Jetzt sieht das Papier so aus. Drehe es, damit die farbige Seite oben liegt.

Mit dieser süßen, fliegenden Herzkarte wird der Valentinstag unvergesslich! Sende sie einem besonderen Menschen ... ohne dass er weiß, von wem die Karte ist!

öffnen

öffnen

**10** Öffne an der rechten Seite die Lasche, sodass eine Tasche entsteht.

**11** Glätte die Tasche zu einem Dreieck.

**12** Öffne an der linken Seite die Lasche, sodass eine Tasche entsteht.

**13** Glätte die Tasche zu einem Dreieck. Falte die rechte obere Ecke diagonal mit einer Talfalte.

**14** Falte die linke obere Ecke diagonal mit einer Talfalte.

**15** Falte die rechte Spitze wie gezeigt nach unten.

**16** Falte die linke Spitze wie gezeigt nach unten.

**18** Drehe das Papier und öffne die Karte. Dein Herz kann nun zu einem besonderen Menschen fliegen.

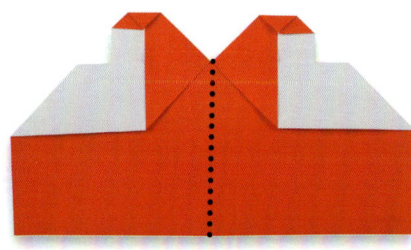

**17** Falte das Papier mit einer Bergfalte in der Mitte.

# Helikopter

Dir wird schwindelig, wenn du diesen erstaunlichen Helikopter herumwirbeln siehst. Lass ihn von hoch oben fallen, damit er sich richtig dreht!

**1** Lege das Papier mit der farbigen Seite nach oben auf den Tisch.

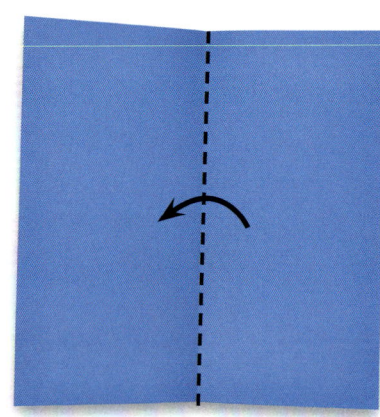

**2** Falte das Papier mit einer Talfalte in der Mitte von rechts nach links.

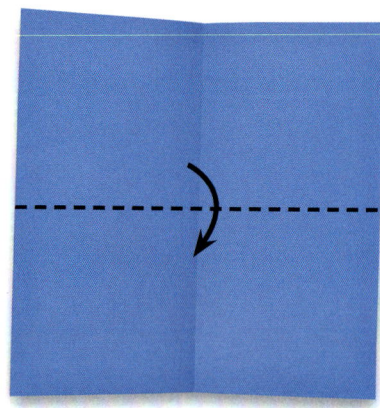

**3** Falte das Papier mit einer Talfalte in der Mitte von oben nach unten.

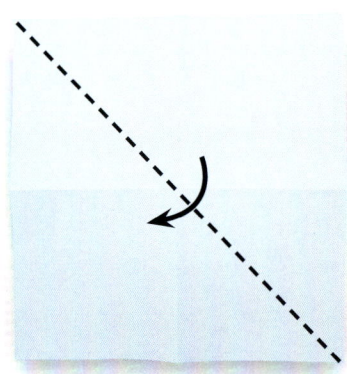

**4** Drehe das Papier um und falte es mit einer Talfalte diagonal von rechts oben nach links unten.

**5** Jetzt sieht das Papier so aus.

**6** Entfalte das Papier und drehe es so, dass die Diagonale horizontal liegt.

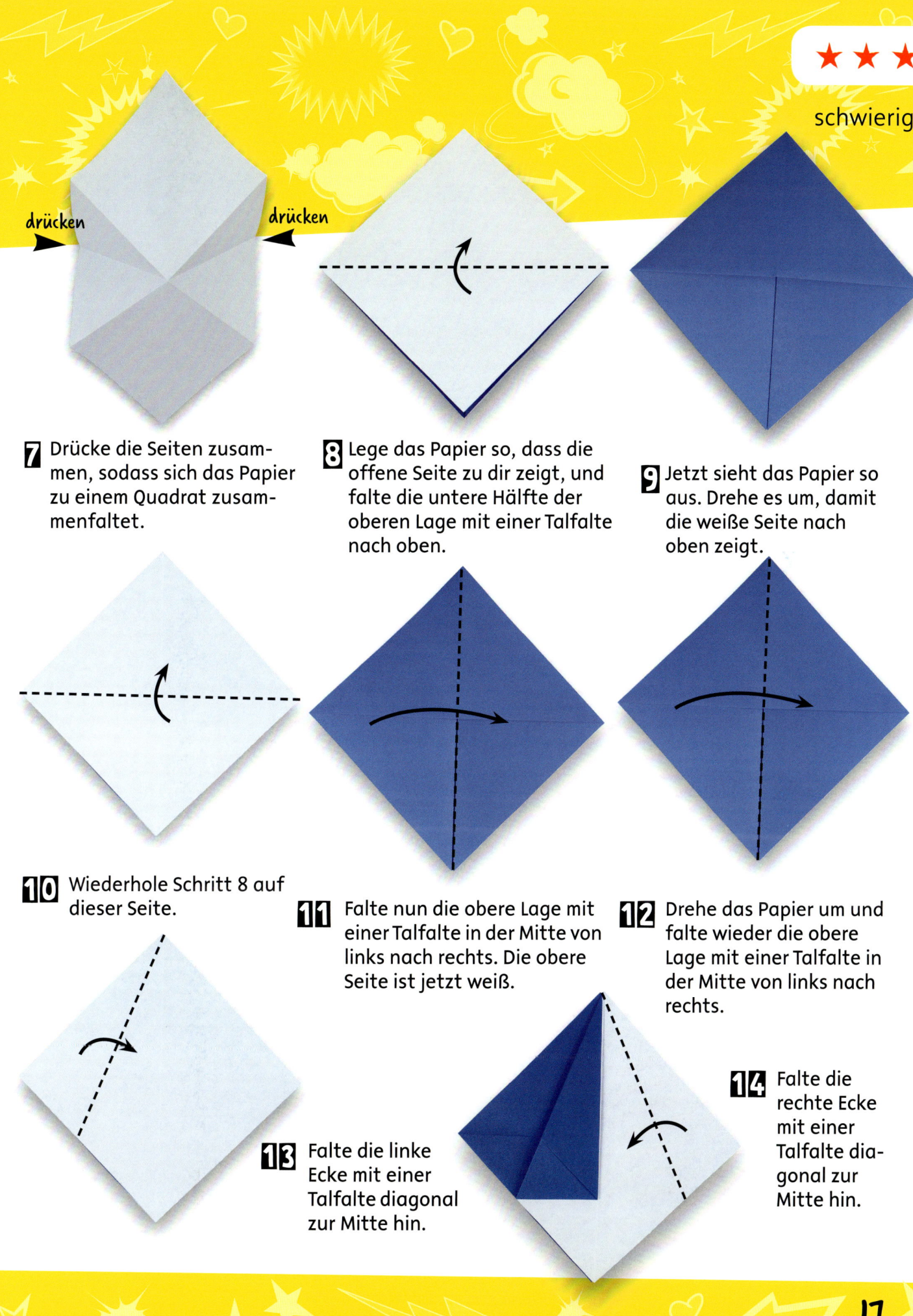

drücken ◄

drücken ◄

**7** Drücke die Seiten zusammen, sodass sich das Papier zu einem Quadrat zusammenfaltet.

**8** Lege das Papier so, dass die offene Seite zu dir zeigt, und falte die untere Hälfte der oberen Lage mit einer Talfalte nach oben.

**9** Jetzt sieht das Papier so aus. Drehe es um, damit die weiße Seite nach oben zeigt.

**10** Wiederhole Schritt 8 auf dieser Seite.

**11** Falte nun die obere Lage mit einer Talfalte in der Mitte von links nach rechts. Die obere Seite ist jetzt weiß.

**12** Drehe das Papier um und falte wieder die obere Lage mit einer Talfalte in der Mitte von links nach rechts.

**13** Falte die linke Ecke mit einer Talfalte diagonal zur Mitte hin.

**14** Falte die rechte Ecke mit einer Talfalte diagonal zur Mitte hin.

# Helikopter (Fortsetzung)

**15** Dein Papier sieht jetzt so aus. Drehe es um.

**16** Falte die linke Seite mit einer Talfalte zur Mitte. Wiederhole den Schritt mit der rechten Seite.

**17** Falte die obere Lage mit einer Talfalte nach links, sodass kein Weiß mehr zu sehen ist.

**18** Drehe das Papier um und wiederhole den Schritt.

**19** Die untere Hälfte des Papiers ist nun zweigeteilt. Falte mit einer Talfalte den rechten Teil nach oben.

**20** Falte mit einer Bergfalte den linken Teil nach hinten.

**21** Drücke die Laschen auseinander, sodass sie in entgegengesetzte Richtungen zeigen.

**22** Der Helikopter fliegt besonders gut, wenn du an der unteren Spitze eine Büroklammer befestigst und ihn aus der Höhe fallen lässt.

# Spiel und Spaß

In diesem Kapitel lernst du, fantastische Origami-Spiele, wie Dominosteine oder Würfel, zu falten.

Dominosteine

Basketballkorb

Volltreffer!

Würfel

Lass ihn rollen!

Kreisel

# Dominosteine

Es macht Spaß, eine Reihe Dominosteine umfallen zu lassen. Falte nach dieser Anleitung einige Steine, stelle sie vorsichtig in einer Reihe auf – und lasse sie umfallen!

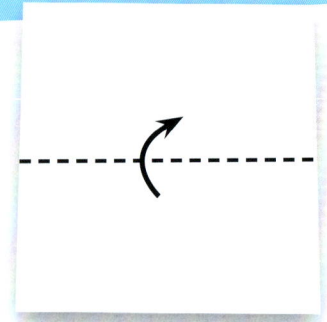

**1** Lege das Papier mit der weißen Seite nach oben und falte es in der Mitte von unten nach oben, ohne den Falz festzustreichen.

**2** Mache einen kleinen Knick an der linken Ecke und entfalte das Papier wieder.

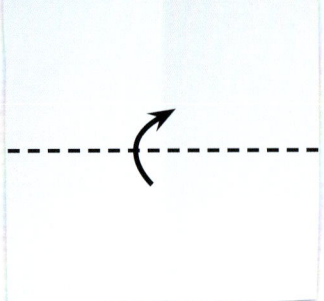

**3** Drehe das Papier um 90° nach rechts, sodass der kleine Knick oben ist. Falte es wieder von unten nach oben, ohne den Falz festzustreichen.

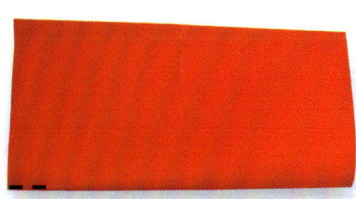

**4** Mache einen kleinen Knick an der linken Ecke und entfalte das Papier wieder.

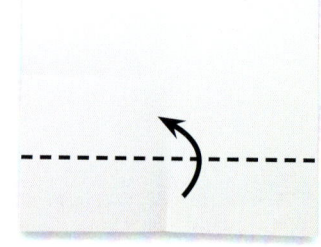

**5** Falte die untere Kante mit einer Talfalte nach oben zur Mitte (mit dem kleinen Knick markiert).

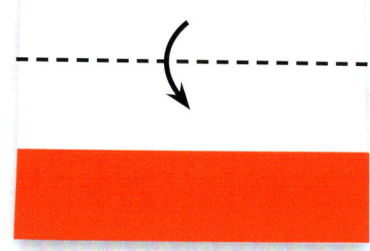

**6** Falte die obere Hälfte mit einer Talfalte nach unten zur Mitte.

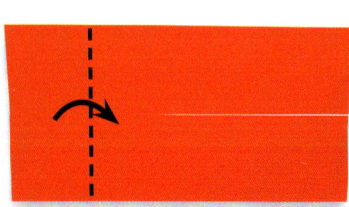

**7** Falte die linke Seite mit einer Talfalte zum Knick in der Mitte.

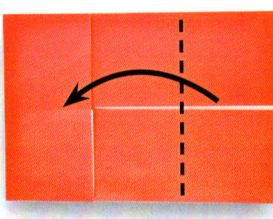

**8** Falte die rechte Seite mit einer Talfalte ganz nach links an die Kante.

**9** Jetzt sieht dein Papier so aus. Entfalte die rechte Faltung wieder.

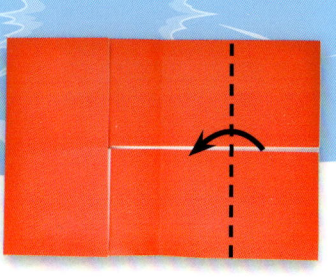

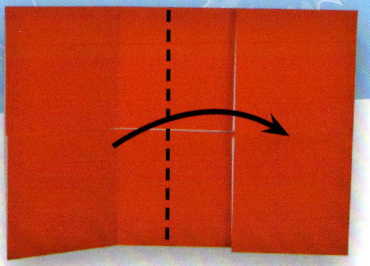

**10** Falte die rechte Seite mit einer Talfalte zur Mitte, sodass sie die Kante der linken Faltung berührt.

**11** Jetzt sieht dein Papier so aus. Entfalte die linke Seite wieder.

**12** Falte die linke Seite mit einer Talfalte zur rechten Kante.

**13** Dein Papier hat jetzt einen vertikalen und einen horizontalen Knick.

**14** Entfalte das Papier so, wie es abgebildet ist.

**15** Schiebe die linke Seite des Papiers in die offene Lasche der rechten Seite.

**18**
Falte weitere Dominosteine in unterschiedlichen Farben.

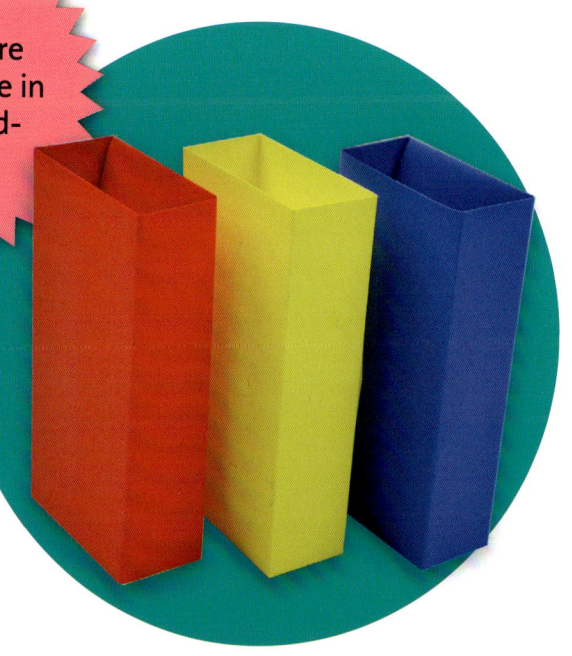

**16** Drücke die beiden Seiten vorsichtig zusammen.

**17** So sieht dein Stein jetzt aus.

# Basketballkorb

Lade deine Freunde zu einem Origami-Basketball-Spiel mit einem Ball aus zerknülltem Papier ein! Du benötigst einen Stift, um das Netz zu malen.

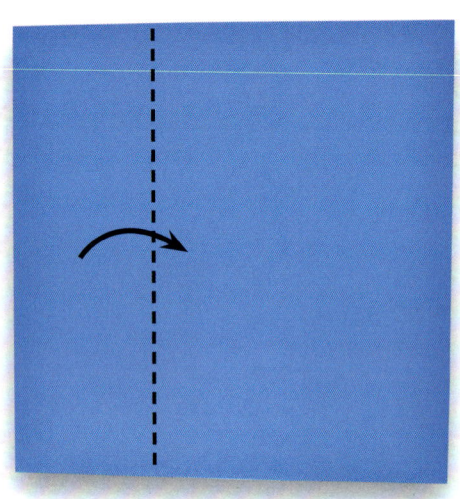

**1** Beginne mit der farbigen Seite nach oben und falte das linke Drittel mit einer Talfalte nach rechts.

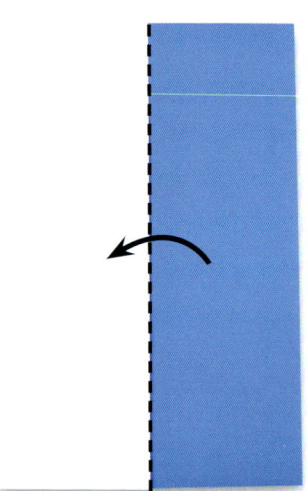

**2** Falte die rechte Seite mit einer Talfalte über die ganze Breite nach links.

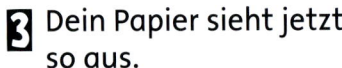

**3** Dein Papier sieht jetzt so aus.

**4** Entfalte das Papier und falte die rechte Seite zur rechts gelegenen Faltlinie.

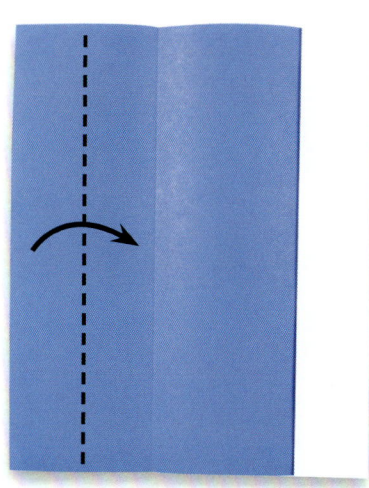

**5** Falte die linke Seite zur
links gelegenen Faltlinie.

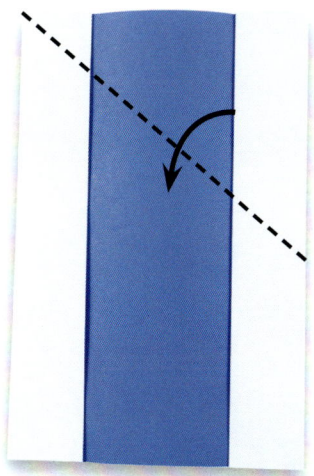

**6** Falte die rechte Ecke
mit einer Talfalte dia-
gonal nach unten.

**7** Jetzt sieht das Papier so
aus. Entfalte es und falte
die linke Ecke mit einer Talfalte diagonal nach unten.

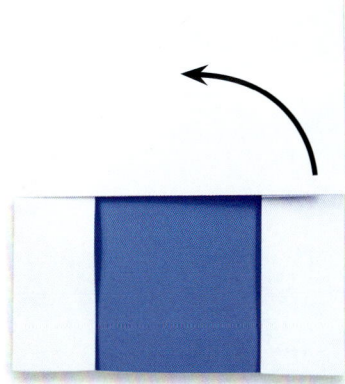

**8** Dein Papier sieht
jetzt so aus. Ent-
falte das Papier
wieder.

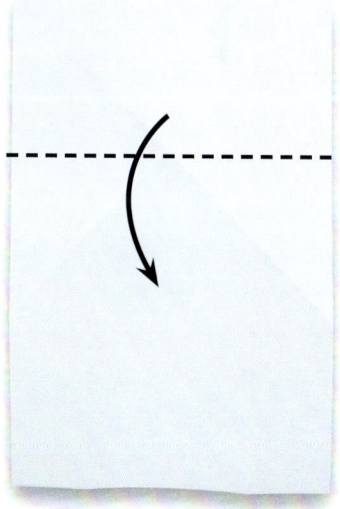

**9** Drehe das Papier und falte
den oberen Teil an der Stelle, an der sich die diagona-
len Faltungen treffen, nach
unten.

# Basketballkorb
## (Fortsetzung)

**10** Entfalte das Papier wieder.

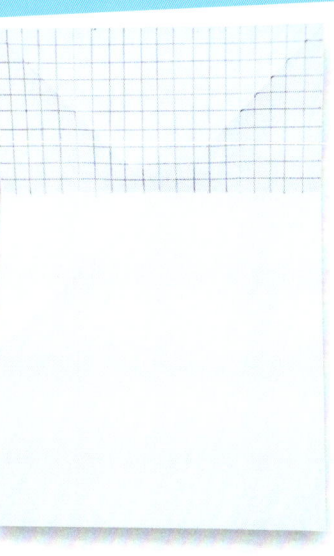

**11** Male mit einem Stift wie hier abgebildet ein Netz auf den oberen Teil des Papiers.

drücken    drücken

**12** Drehe das Papier um, sodass es so aussieht wie hier abgebildet.

**13** Drücke die beiden Seiten zusammen und glätte das entstandene Dreieck.

**14** So sieht das Papier nun aus. Streiche die Kanten glatt.

**15** Drehe die Enden des Dreiecks zueinander.

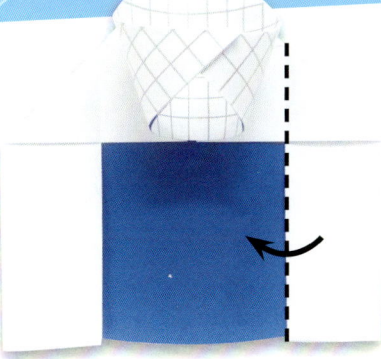

**16** Stecke die Enden fest ineinander, sodass ein Korb entsteht. Falte die rechte Seite mit einer Talfalte zur Mitte hin.

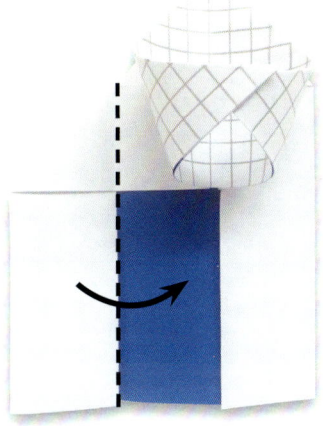

**17** Falte die linke Seite mit einer Talfalte zur Mitte hin.

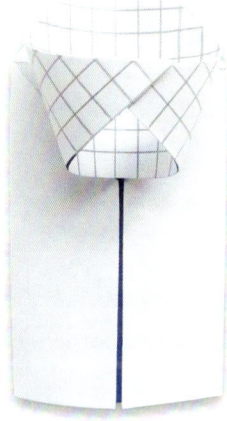

**18** Deine Figur sollte nun so aussehen.

**19** Öffne die letzten beiden Faltungen. Jetzt steht dein Basketballkorb und das Spiel kann beginnen!

# Würfel

Würfel werden in vielen Spielen benutzt. Nach dieser Anleitung kannst du deinen eigenen Würfel falten. Male die Punkte mit einem Filzstift darauf.

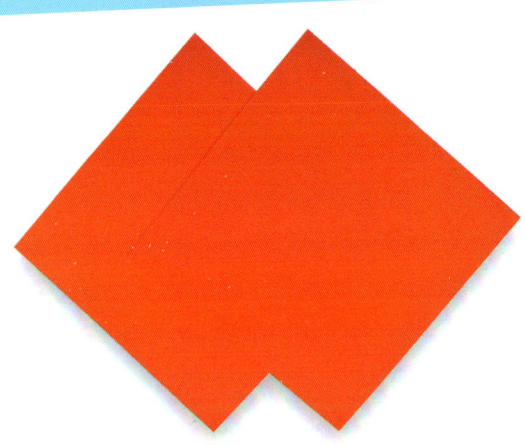

**1** Du benötigst zwei Papierquadrate, die du auf die gleiche Weise faltest.

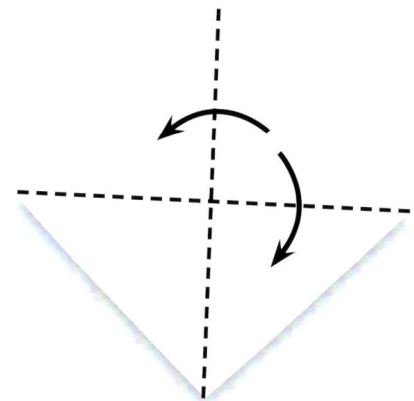

**2** Beginne mit dem ersten Papier und falte es jeweils mit einer Talfalte in der Mitte von rechts nach links und von oben nach unten. Entfalte es wieder.

**3** Falte die linke Ecke mit einer Talfalte zur Mittellinie hin.

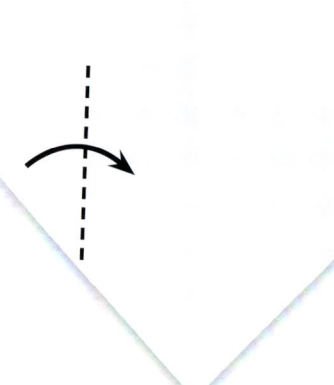

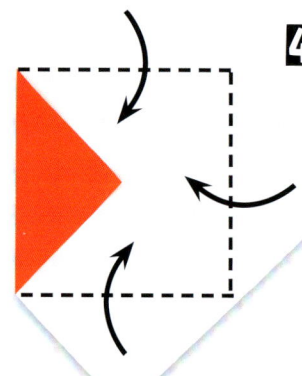

**4** Wiederhole Schritt 3 mit den anderen drei Ecken.

**5** Falte ein Drittel der rechten Seite mit einer Talfalte nach links.

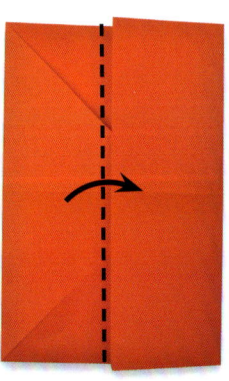

**6** Falte das linke Drittel mit einer Talfalte über die rechte Faltung nach rechts.

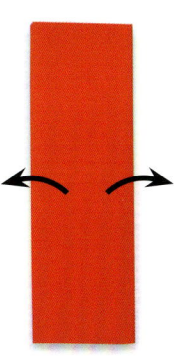

**7** Entfalte die Schritte 5 und 6.

**8** Entfalte die rechte und linke Seite.

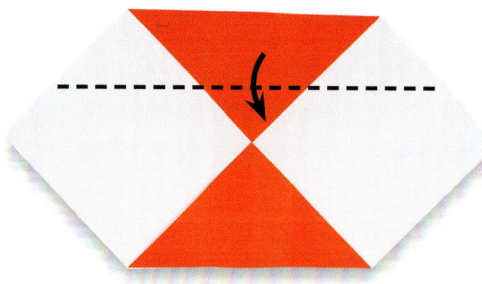

**9** Das Papier sieht jetzt so aus. Falte das obere Drittel mit einer Talfalte nach unten.

**10** Falte das untere Drittel mit einer Talfalte über das obere Drittel nach oben.

**11** Falte die linke Seite diagonal an der zweiten Faltlinie von links nach unten.

**12** Falte die rechte Seite diagonal an der zweiten Faltlinie von rechts nach oben.

# Würfel
## (Fortsetzung)

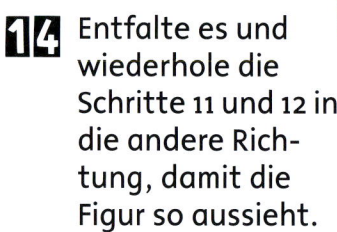

**13** Jetzt sieht das Papier so aus.

**14** Entfalte es und wiederhole die Schritte 11 und 12 in die andere Richtung, damit die Figur so aussieht.

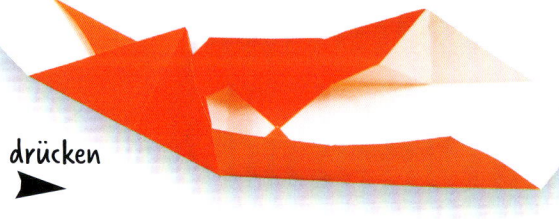

drücken

**15** Entfalte das Papier und ziehe die obere und untere Faltung vorsichtig auseinander, sodass sie parallel zueinander sind, wie abgebildet.

**16** Drücke vorsichtig die Faltungen auf der linken Seite in deine Richtung.

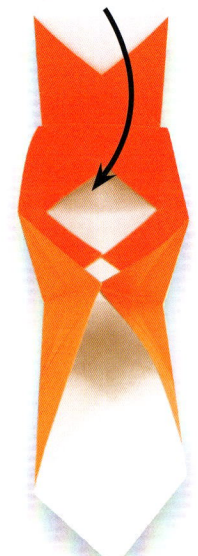

drücken

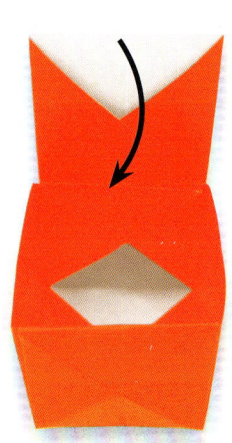

**17** Drehe das Papier um 90° nach rechts. Klappe die Spitzen nach innen, damit eine Seite des Würfels entsteht.

**18** Drücke nun die andere Seite zusammen.

**19** Drehe die Figur noch einmal und klappe die Spitze nach innen.

**20** Die erste Hälfte des Würfels ist nun fertig.

**21** Benutze das andere Blatt Papier und wiederhole Schritt 1 bis 19 für die zweite Hälfte des Würfels.

drücken

**22** Schiebe den einen Würfel vorsichtig in den anderen hinein.

**23** Male mit einem Stift Punkte auf den Würfel – und schon kann der Würfelspaß beginnen!

# Kreisel

Dieser tolle Kreisel dreht sich wirklich! Es dauert zwar etwäs länger, bis er gefaltet ist, aber dann hast du viel Spaß dabei, ihn zu drehen.

**FIGUR TEIL 1**

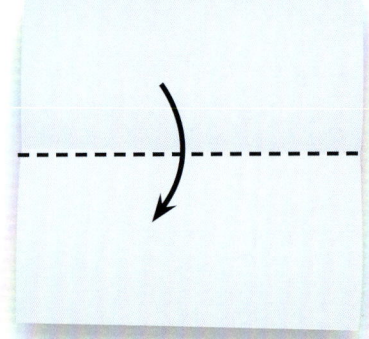

**1** Um einen Kreisel zu falten, benötigst du drei Blatt Papier: Blau, Gelb und Rot passen gut zusammen.

**2** Lege das Papier mit der weißen Seite nach oben vor dich und falte mit einer Talfalte die obere Hälfte nach unten. Entfalte es wieder.

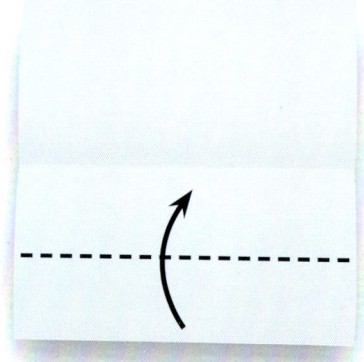

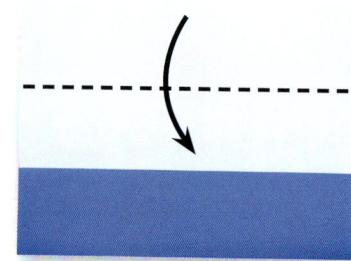

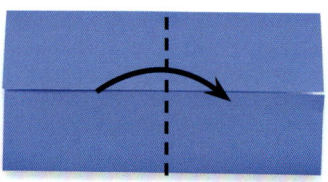

**3** Falte die untere Kante mit einer Talfalte nach oben zur Mittellinie.

**4** Falte die obere Kante mit einer Talfalte nach unten zur Mittellinie.

**5** Falte das Papier in der Mitte von links nach rechts und entfalte es wieder.

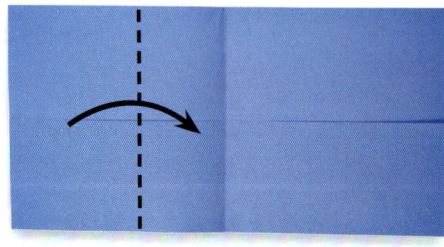

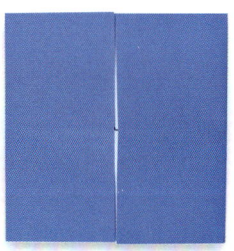

**6** Falte die linke Kante zur Mittellinie (Talfalte).

**7** Falte die rechte Kante zur Mittellinie (Talfalte).

**8** Jetzt sieht dein Papier so aus.

**10** Öffne die linke Kante bis an den Mittelknick. Falte sie diagonal nach unten, wie es abgebildet ist.

**9** Entfalte Schritt 6 und 7.

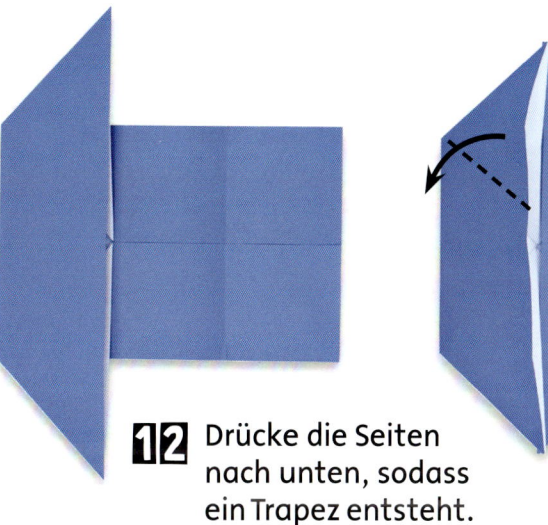

**13** Wiederhole Schritt 10–12 auf der rechten Seite, bis das Papier wie gezeigt aussieht. Nimm nun die linke obere Ecke und ziehe sie diagonal nach links (Talfalte).

**11** Wiederhole Schritt 10 mit der oberen Ecke.

**12** Drücke die Seiten nach unten, sodass ein Trapez entsteht.

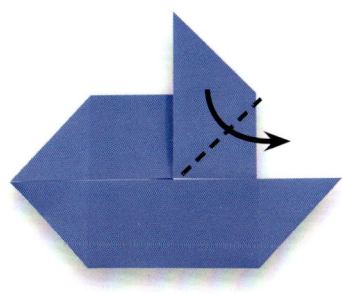

**14** Nimm die linke untere Ecke und ziehe sie diagonal nach links (Talfalte).

**15** Ziehe die rechte untere Ecke diagonal nach rechts (Talfalte).

**16** Ziehe auch die letzte Ecke diagonal nach rechts (Talfalte).

# Kreisel
## (Fortsetzung)

**17** Das Papier sieht jetzt so aus.

**18** Klappe die linke obere Ecke auf, sodass die Faltung wie ein Vogelschnabel aussieht.

**19** Drücke die Ecke nach unten und glätte sie, sodass sie zu einem kleinen Quadrat geformt wird.

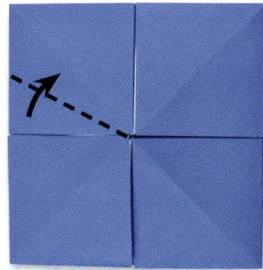

**20** Wiederhole Schritt 18 und 19 mit den anderen Ecken. Falte im linken oberen Quadrat die untere Ecke diagonal nach oben zur Mittellinie des Quadrats (Talfalte).

**21** Falte nun die andere Seite auch mit einer Talfalte diagonal zur Mittellinie.

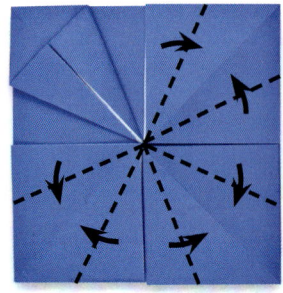

**22** Wiederhole Schritt 20 und 21 mit den anderen drei Quadraten.

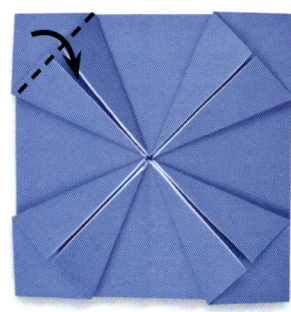

**23** Falte die linke obere Ecke mit einer Talfalte diagonal nach unten.

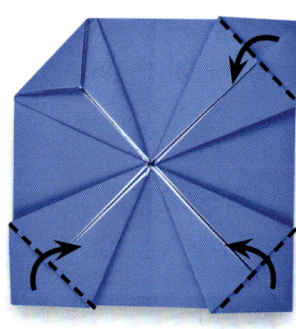

**24** Wiederhole Schritt 23 mit den anderen drei Ecken.

**25** Jetzt sieht das Papier so aus.

**26** Öffne in der linken oberen Ecke die drei Faltungen, die du gemacht hast.

**27** Ziehe die Ecke auf. Dadurch entsteht eine Form wie ein geöffneter Vogelschnabel.

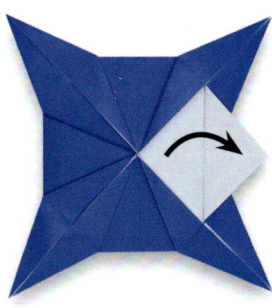

**28** Drücke die Kanten nach unten und streiche sie fest.

**29** Wiederhole den Schritt 26–28 mit den anderen drei Ecken. Das Papier sieht jetzt so aus.

**30** Falte die mittlere Spitze an der rechten Seite von der Mitte nach außen. Wiederhole dies bei den anderen Spitzen.

**31** Nimm die linke obere Spitze und falte sie zur Mitte hin.

**32** Wiederhole dies an den anderen Ecken.

**33** Der erste Teil des Kreisels ist nun fertig.

# Kreisel (Fortsetzung)

FIGUR TEIL 2

**1** Lege das Papier mit der weißen Seite nach oben vor dich. Mache zwei Talfalten wie gezeigt und entfalte sie wieder.

**2** Falte die rechte Ecke mit einer Talfalte zur Mitte hin und wiederhole dies mit den anderen drei Ecken.

**3** Das Papier hat nun eine quadratische Form.

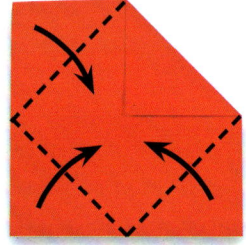

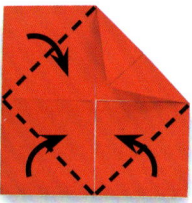

**4** Drehe das Papier um und falte alle Ecken jeweils mit einer Talfalte zur Mitte.

**5** Dadurch ist ein kleineres Quadrat entstanden.

**6** Drehe das Papier erneut um und falte die Ecken wieder mit einer Talfalte zur Mitte.

**7** Jetzt sieht das Papier so aus.

**8** Drehe das Papier wieder um und falte die Spitzen, die zur Mitte zeigen, diagonal nach außen.

**9** Der zweite Teil des Kreisels ist jetzt fertig.

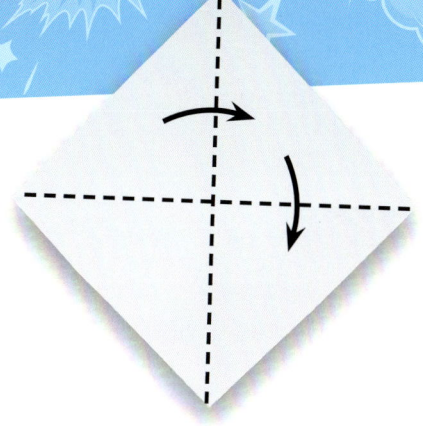

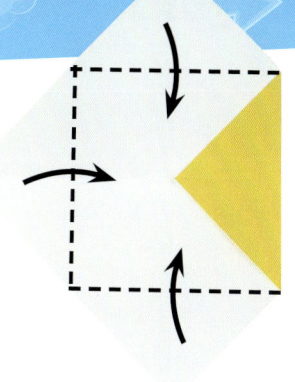

**1** Lege das Papier mit der weißen Seite nach oben vor dich. Mache zwei Talfalten wie gezeigt und entfalte sie wieder.

**2** Falte die rechte Ecke mit einer Talfalte zur Mitte hin und wiederhole dies mit den anderen drei Ecken.

**3** Das Papier hat nun eine quadratische Form. Nimm die rechte obere Ecke und falte sie diagonal zur Mitte (Talfalte).

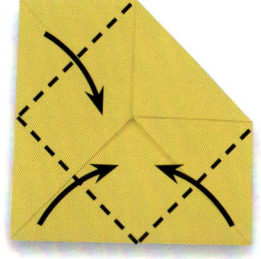

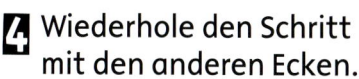

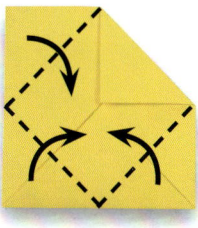

**4** Wiederhole den Schritt mit den anderen Ecken.

**5** Falte erneut die rechte obere Ecke diagonal zur Mitte (Talfalte) …

**6** … und wiederhole diesen Schritt mit den anderen Ecken.

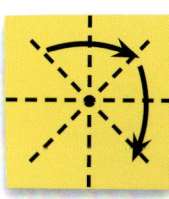

drücken ◄      ► drücken

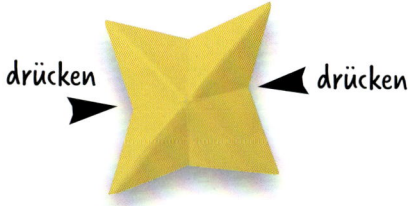

**7** Dein Papier sieht jetzt so aus.

**8** Drehe das Papier um und falte es vertikal, horizontal und diagonal (Talfalten) und entfalte es jeweils wieder.

**9** Drücke nun die Faltungen zusammen, sodass ein Stern geformt wird.

# Kreisel (Fortsetzung)

ZUSAMMEN-SETZEN

**1** Nimm Teil 2 und schiebe die linke obere Ecke in die linke obere Ecke von Teil 1.

**2** Wiederhole diesen Schritt bei den anderen Ecken.

**3** Nimm jetzt Teil 3 und stecke die Sternspitzen in die Laschen von Teil 2.

**4** Die vier Spitzen sollten alle die Position haben wie gezeigt.

**5** Dein toller Kreisel ist jetzt fertig. Lass ihn wirbeln!

# Simsalabim!

Beeindrucke deine Familie und verblüffe deine Freunde mit diesen magischen Faltfiguren.

Zauberstab

Mienenspiel

Abrakadabra!

Lass dich überraschen!

Zauberhase

Zauberbecher

# Zauberstab

Das Erste, was ein guter Zauberer braucht, ist ein Zauberstab. Mit dieser einfachen Anleitung kannst du deinen eigenen Zauberstab falten und damit Tricks vorführen.

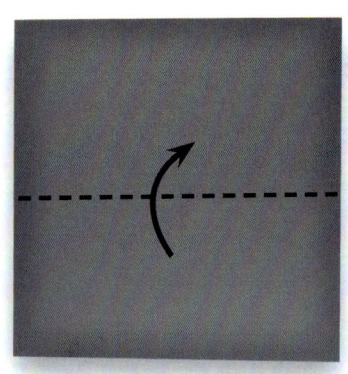

**1** Lege das Papier mit der farbigen Seite nach oben. Falte es mit einer Talfalte in der Mitte von unten nach oben.

**2** Mache an beiden Seiten einen kleinen Knick und entfalte das Papier wieder.

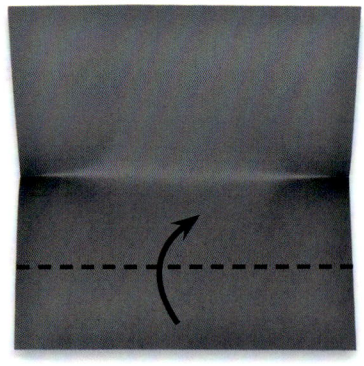

**3** Falte die untere Kante bis zur Mittellinie hoch, aber glätte die Faltung nicht.

**4** Mache an beiden Seiten einen kleinen Knick und entfalte das Papier wieder.

**5** Falte die untere Kante nach oben zu den kleinen Knicken, die im vorherigen Schritt gemacht wurden und glätte die Faltung.

**6** Das Papier sieht jetzt so aus. Drehe das Papier so, dass der weiße Streifen oben ist.

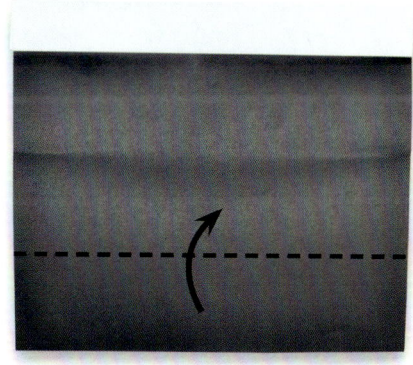

**7** Falte die untere Kante bis zur Mittellinie hoch, aber glätte die Faltung nicht. Mache an beiden Seiten kleine Knicke.

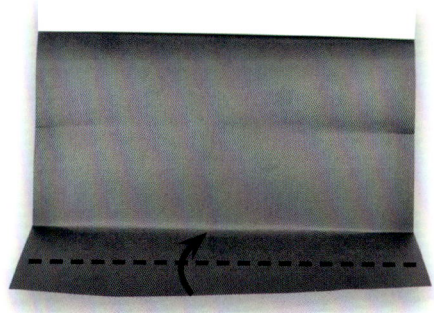

**8** Falte die untere Kante nach oben zu den kleinen Knicken, die im vorherigen Schritt gemacht wurden und glätte die Faltung.

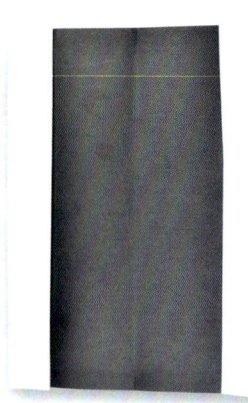

**9** Drehe das Papier um 90°, wie hier gezeigt. Wende es dann, damit die weiße Seite nach oben zeigt.

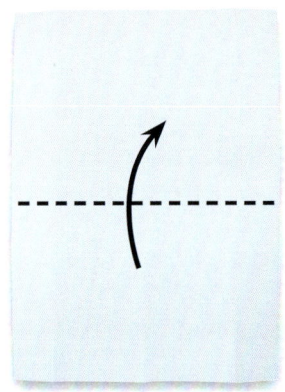

**10** Falte das Papier mit einer Talfalte in der Mitte von unten nach oben.

**11** Jetzt sieht dein Papier so aus. Entfalte es wieder.

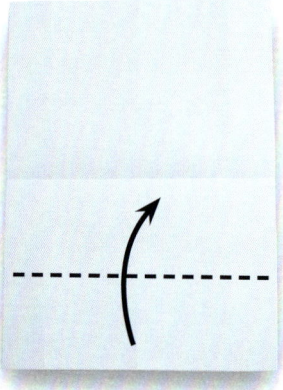

**12** Falte die untere Kante mit einer Talfalte zur Mittellinie.

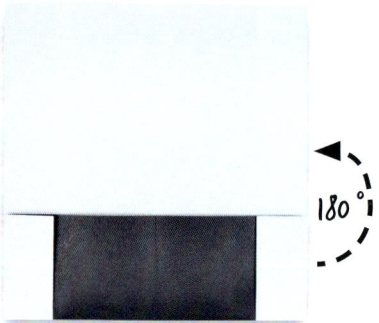

**13** Drehe das Papier um 180°.

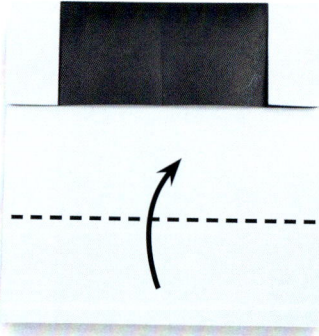

**14** Falte die untere Kante mit einer Talfalte zur Mittellinie.

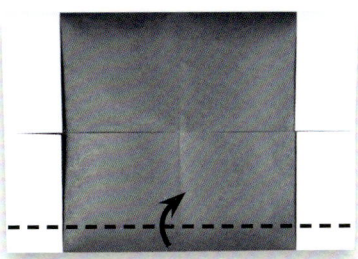

**15** Falte die untere Kante ca. 5 mm mit einer Talfalte nach oben.

drücken

drücken

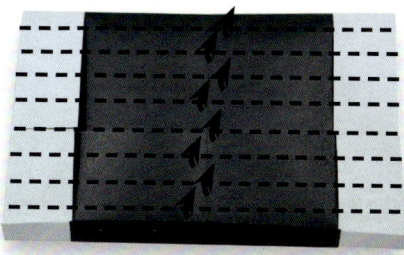

**16** Falte das Papier (Talfalte), wie in Schritt 15 beschrieben, so oft, bis du oben angekommen bist.

**17** Die Figur sollte jetzt wie auf dem linken Bild aussehen. Drehe sie zu einem runden Zauberstab, indem du die Seiten zusammendrückst.

**18**
Dein Zauberstab ist bereit für deinen ersten Trick.

# Es ist Magie!

Wenn du deinen Finger in die seitliche Lasche steckst, sieht es aus, als würde der Zauberstab auf deinem Finger balancieren — oder sogar in der Luft schweben!

# Mienenspiel

Du benötigst einen Stift, um die Gesichtszüge aufzumalen. Versuche jedes Gesicht so unterschiedlich wie möglich zu malen.

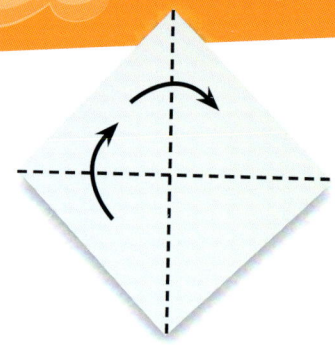

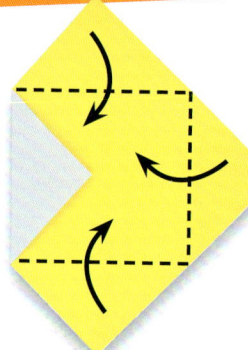

**1** Falte das Papier in der Mitte von links nach rechts (Talfalte) und entfalte es wieder. Falte es dann in der Mitte von oben nach unten (Talfalte) und entfalte es wieder.

**2** Wende das Papier, damit die farbige Seite nach oben zeigt und falte die linke Ecke zur Mitte.

**3** Wiederhole Schritt 2 mit den anderen Ecken.

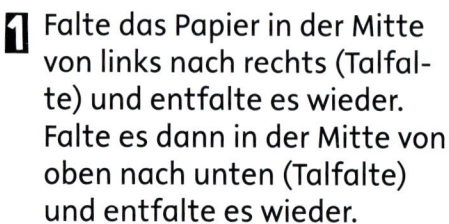

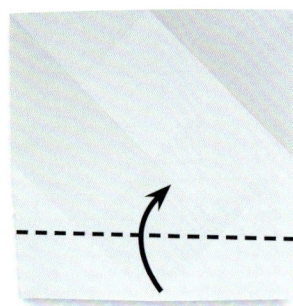

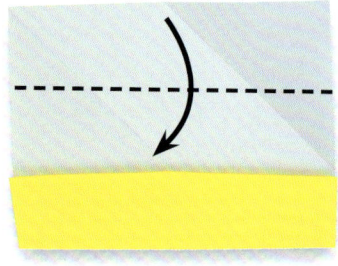

**4** Das Papier sieht jetzt so aus. Entfalte die Ecken wieder und wende das Papier, sodass die weiße Seite nach oben zeigt.

**5** Drehe das Papier wie gezeigt. Falte die untere Kante mit einer Talfalte nach oben zur Mitte.

**6** Falte die obere Kante mit einer Talfalte nach unten zur Mitte.

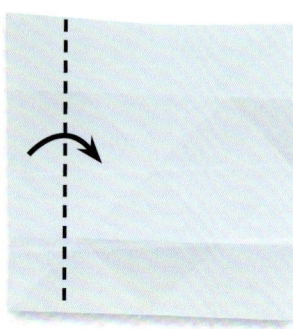

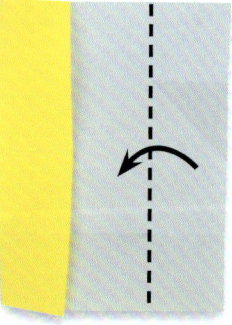

**7** Jetzt sieht das Papier so aus. Entfalte es.

**8** Nimm die linke Kante und falte sie zur Mittellinie.

**9** Falte dann die rechte Kante zur Mitte.

drücken

drücken ▶ ◀ drücken

drücken

**10** Das Papier sieht nun so aus. Entfalte es wieder.

**11** Falte das Papier auf und drücke es an den vier Kanten zusammen, wie auf dem Bild abgebildet. Das Blatt sollte nun zusammenklappen.

**12** Jetzt sieht es so aus. Drücke die vier Ecken nach unten und streiche sie glatt.

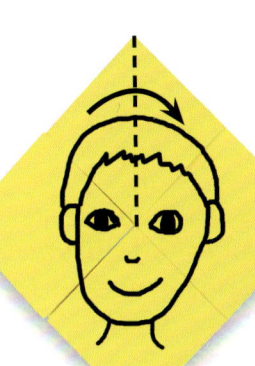

**13** Drehe das Papier so, dass eine Ecke zu dir zeigt.

**14** Nimm einen Stift und male ein Gesicht mit Haaren, Augen, Nase und Mund wie auf dem Bild abgebildet.

**15** Klappe die linke Seite des oberen Quadrats in der Mitte nach rechts (Talfalte).

**16** Male eine neue Frisur und entfalte das Papier. Dann klappe die rechte Seite in der Mitte nach links und male eine dritte Frisur.

**17** Wiederhole Schritt 15 und 16 mit den anderen drei Quadraten. Dadurch entstehen drei verschiedene Gesichter, die du durch Umklappen der Seiten lustig mixen kannst!

# Trickbecher

Du kannst mit diesem einfachen Origamibecher eine Menge Tricks vorführen. Wenn du ihn gerade hältst, sieht er aus wie ein normaler Becher, aber wenn du ihn drehst, hast du einen magischen Behälter ohne Boden.

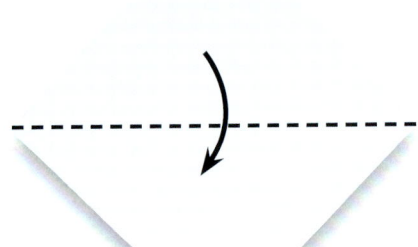

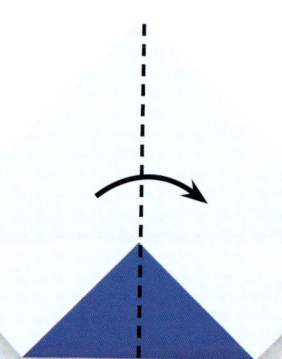

**1** Falte das Papier in der Mitte mit einer Talfalte von oben nach unten und entfalte es wieder.

**2** Nimm die untere Ecke und falte sie mit einer Talfalte zur Mittellinie.

**3** Falte das Papier (Talfalte) in der Mitte von links nach rechts.

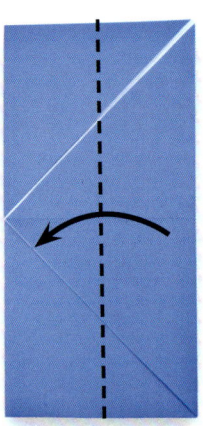

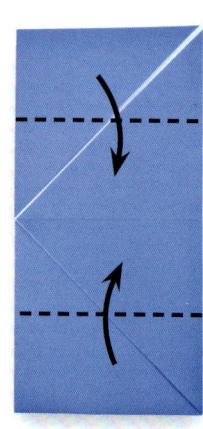

**4** Falte die rechte Spitze nach links (Talfalte).

**5** Nimm die obere Spitze und falte sie nach unten (Talfalte).

**6** Falte das Papier in der Mitte von rechts nach links (Talfalte) und entfalte es wieder.

**7** Falte nun die obere Kante nach unten und die untere Kante nach oben zur Mittellinie (Talfalte). Entfalte es wieder.

**8** Falte die obere linke Lage nach oben.

**9** Falte die untere Hälfte des Rechtecks in der Mitte (Talfalte) nach oben.

**10** Nimm nun die Spitze und stecke sie nach unten in die Tasche.

drücken

drücken    drücken

**11** Drücke die Spitze ganz in die Tasche hinein.

**12** Drücke die rechte und die linke Seite zusammen, sodass ein Becher entsteht.

**13** Jetzt sieht deine Figur so aus.

## TRICKSE DEINE FREUNDE AUS

Nimm den Becher in die Hand und lege die andere Hand darunter. Bitte einen Freund, eine Münze hineinzuwerfen. Kippe sie zurück in die Hand des Freundes, damit er sieht, dass es ein Becher ist. Dann frage ihn, ob er noch eine andere Münze hat. Drehe den Becher in die Röhrenform, während er nach einer Münze sucht. Die andere Hand bleibt weiter darunter. Bitte deinen Freund, die zweite Münze hineinzuwerfen. Die Münze wird in deine Hand fallen. Lege die Finger über die Münze, ohne dass dein Freund es sieht und kippe den Becher auf seine Hand aus. Staune, dass keine Münze erscheint!

**14** Von oben siehst du einen Becher, doch wenn du ihn drehst und seitlich zusammendrückst, formt er sich zu einer Röhre.

# Zauberhase

Einen Hasen verschwinden zu lassen, ist einer der größten Zaubertricks. Dafür musst du ihn aber zuerst einmal falten.

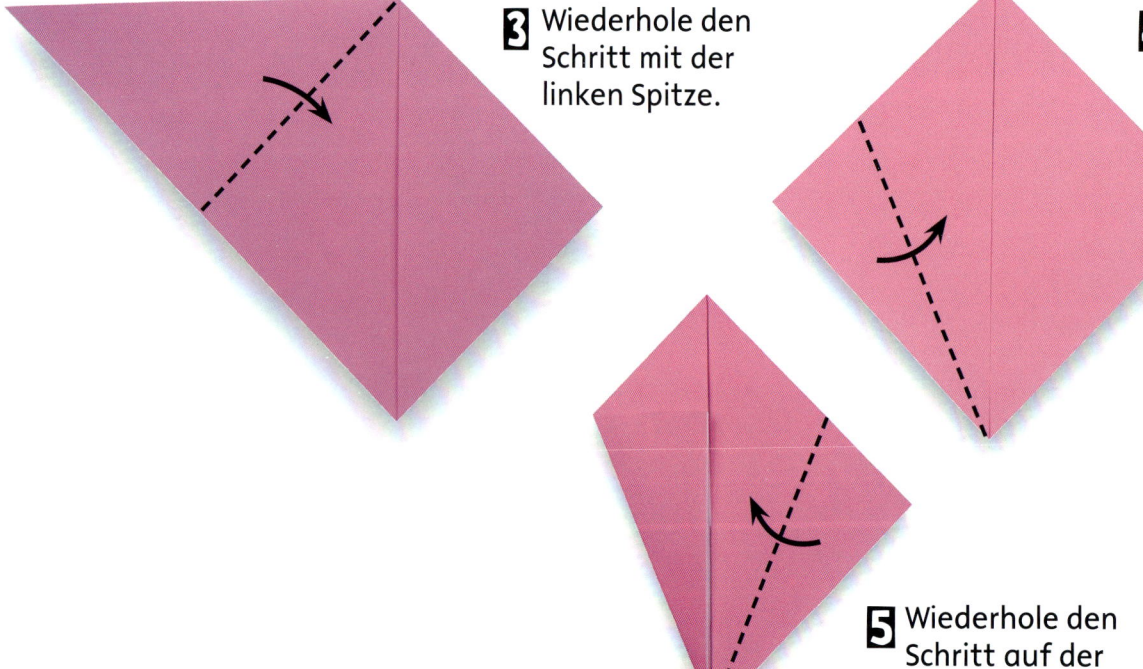

**1** Falte das Papier in der Mitte mit einer Talfalte von oben nach unten.

**2** Falte die rechte Spitze mit einer Talfalte diagonal nach unten zur unteren Spitze.

**3** Wiederhole den Schritt mit der linken Spitze.

**4** Falte die linke Seite mit einer Talfalte diagonal zur Mittellinie.

**5** Wiederhole den Schritt auf der rechten Seite.

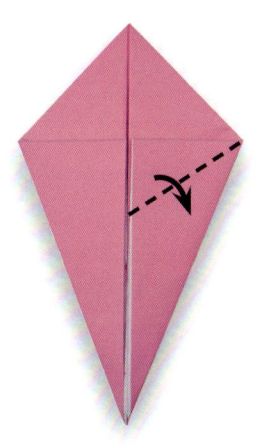

**6** Falte die rechte Spitze mit einer Talfalte diagonal so nach unten, dass sie mit der rechten Kante bündig ist.

**7** Wiederhole den Schritt auf der linken Seite.

**8** Jetzt sieht das Papier so aus.

**9** Hebe auf der rechten Seite die Faltung von Schritt 6 an und öffne sie, sodass eine Tasche entsteht.

drücken

**10** Drücke die Tasche so nach unten, dass daraus ein Dreieck entsteht. Wiederhole Schritt 9 auf der linken Seite und drücke auch hier die Tasche zu einem Dreieck.

**11** Das Papier sieht nun so aus. Falte es mit einer Bergfalte in der Mitte von links nach rechts.

**12** Falte mit einer Bergfalte die untere linke Hälfte nach oben links zwischen die anderen Faltungen.

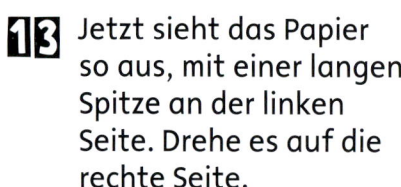

**13** Jetzt sieht das Papier so aus, mit einer langen Spitze an der linken Seite. Drehe es auf die rechte Seite.

**14** Wiederhole Schritt 12 auf der anderen Seite: Falte mit einer Bergfalte die untere rechte Hälfte nach oben rechts zwischen die anderen Faltungen.

**15** Stelle sicher, dass die Faltung in die anderen Faltungen gefaltet wurde und mit der auf der anderen Seite übereinstimmt.

**16** Falte das erste Ohr, indem du mit einer Talfalte die lange Spitze, die du in Schritt 14 gemacht hast, nach oben faltest.

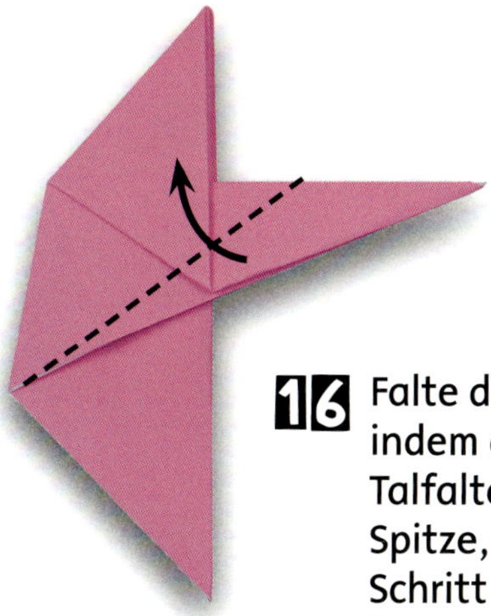

**17** Das Papier sieht jetzt so aus. Drehe es auf die andere Seite.

**18** Falte das zweite Ohr, indem du mit einer Talfalte die lange Spitze, die du in Schritt 15 gemacht hast, nach oben faltest.

drücken

drücken

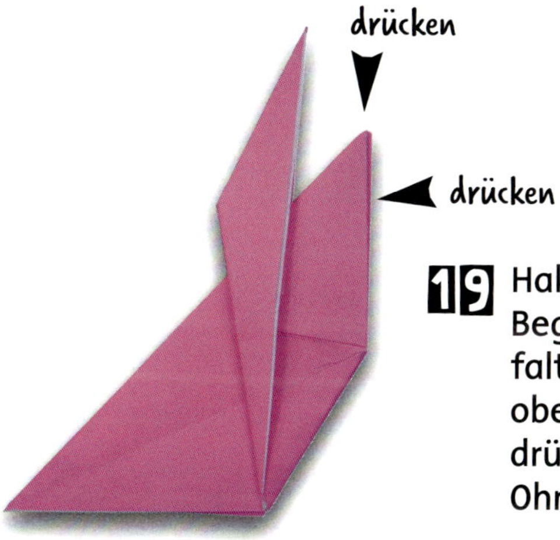

**19** Halte die Ohren fest. Beginne das Gesicht zu falten, indem du die obere rechte Ecke aufdrückst und gegen die Ohren faltest.

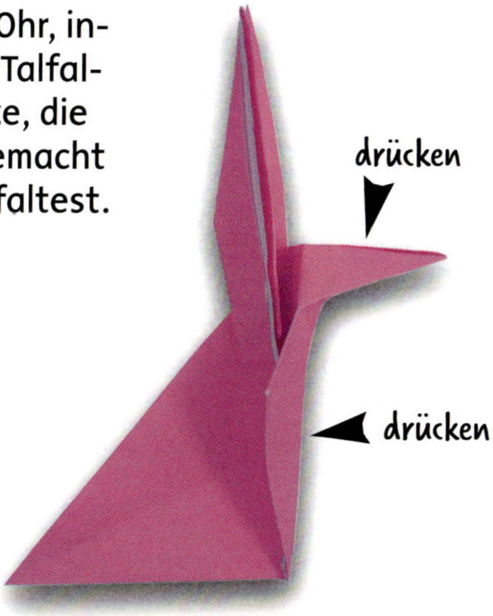

drücken

drücken

**20** So sieht das Papier jetzt aus. Drücke die Faltungen nach unten, sodass sich die Seiten links und rechts unterhalb der Ohren nach hinten legen. Dabei senkt sich der Kopf automatisch nach unten.

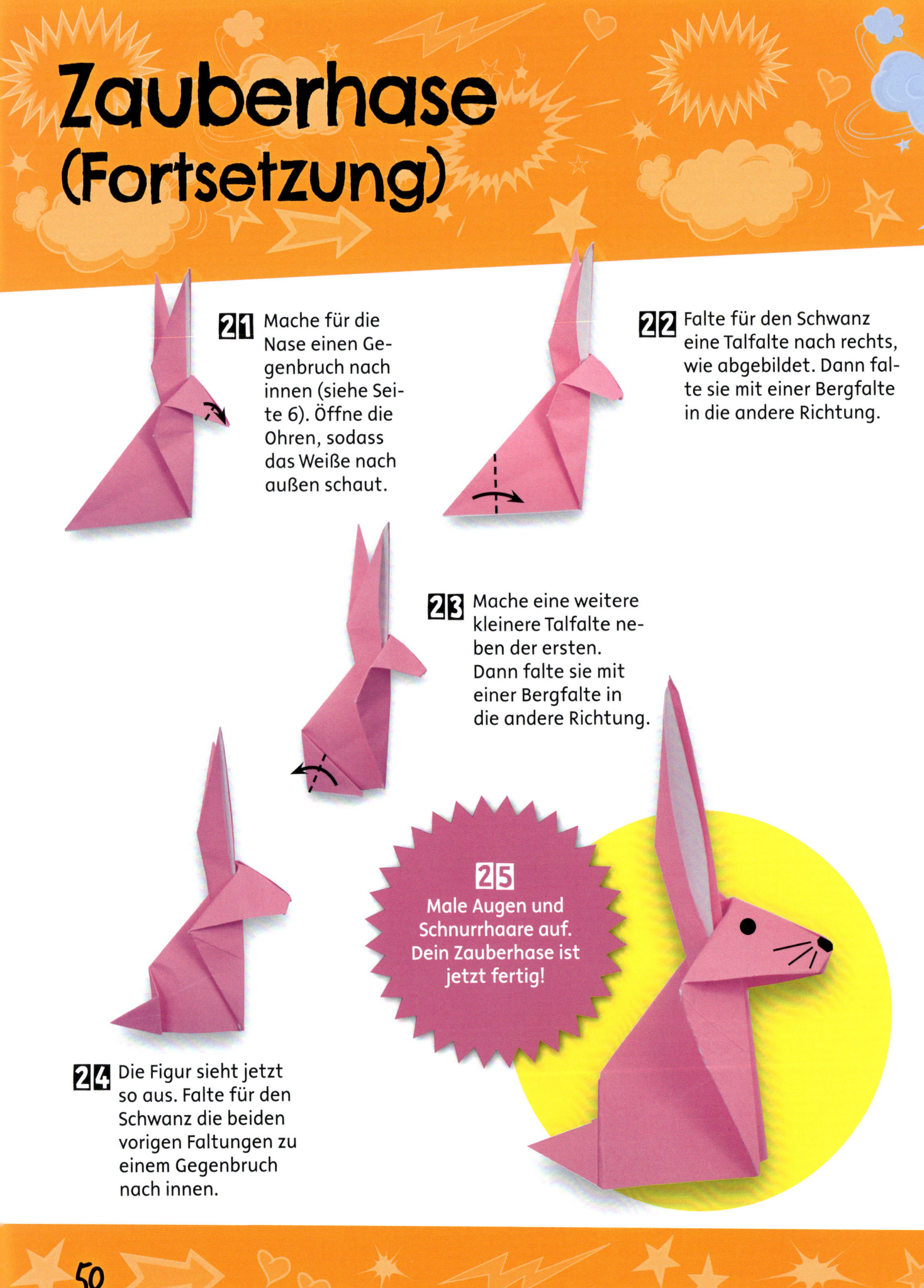

**21** Mache für die Nase einen Gegenbruch nach innen (siehe Seite 6). Öffne die Ohren, sodass das Weiße nach außen schaut.

**22** Falte für den Schwanz eine Talfalte nach rechts, wie abgebildet. Dann falte sie mit einer Bergfalte in die andere Richtung.

**23** Mache eine weitere kleinere Talfalte neben der ersten. Dann falte sie mit einer Bergfalte in die andere Richtung.

**25** Male Augen und Schnurrhaare auf. Dein Zauberhase ist jetzt fertig!

**24** Die Figur sieht jetzt so aus. Falte für den Schwanz die beiden vorigen Faltungen zu einem Gegenbruch nach innen.

# Auf dem Wasser

Diese unglaublichen schwimmenden Origami-Figuren können sich ein Rennen auf dem Wasser liefern. Falte ein schnelles Motorboot oder eine Papierente für das Bad!

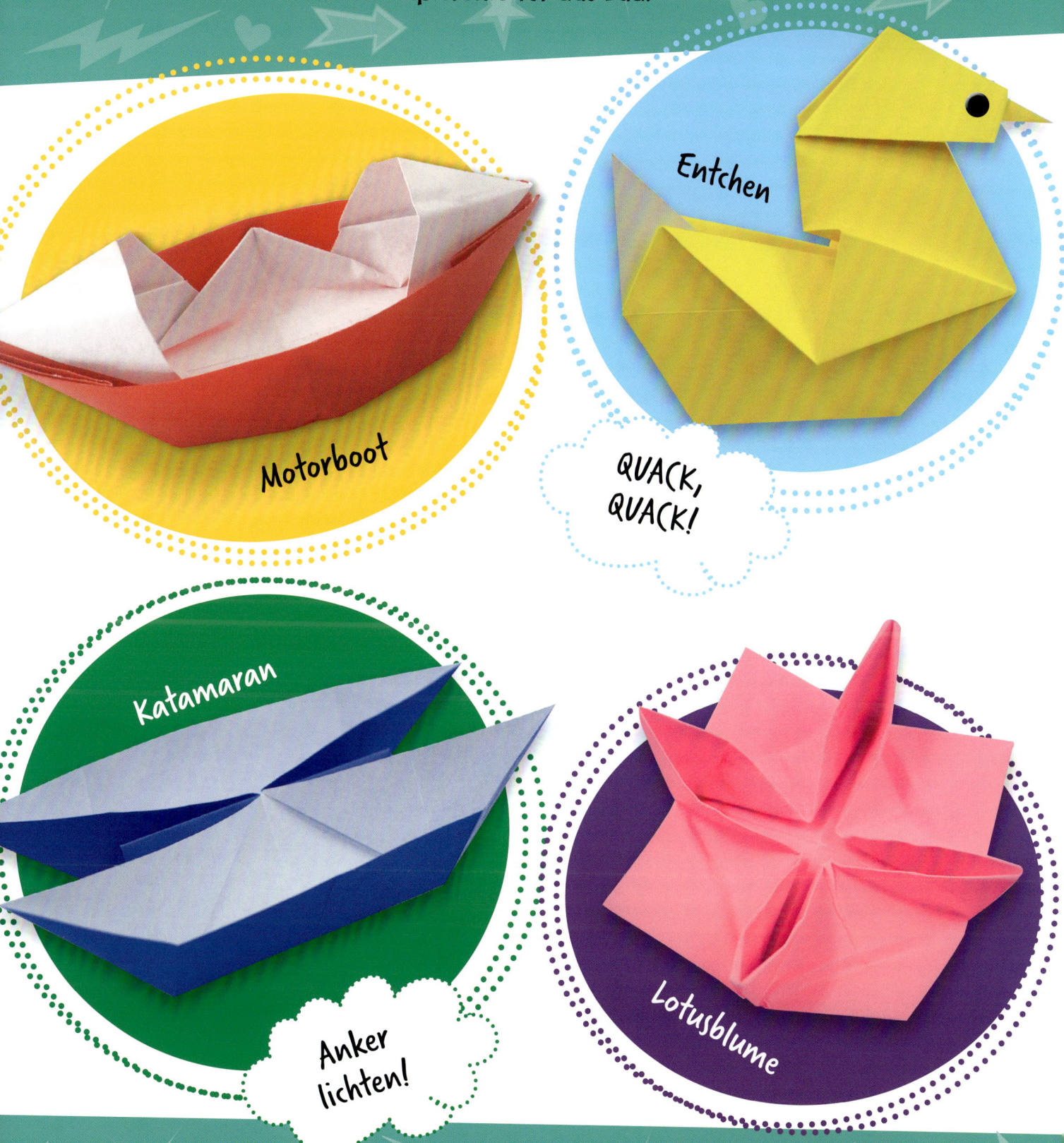

Motorboot

Entchen

QUACK, QUACK!

Katamaran

Anker lichten!

Lotusblume

# Katamaran

Ein Katamaran ist ein Boot mit zwei langen, gleich großen Rümpfen. Dein Origami-Katamaran hat also die doppelte Schwimmleistung als ein normales Boot!

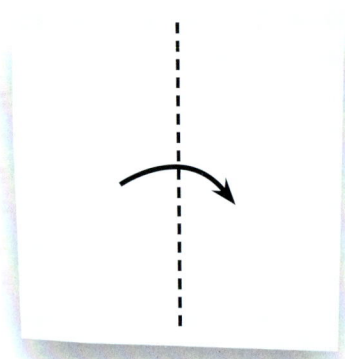

**1** Lege das Papier mit der weißen Seite nach oben. Falte es mit einer Talfalte in der Mitte von links nach rechts.

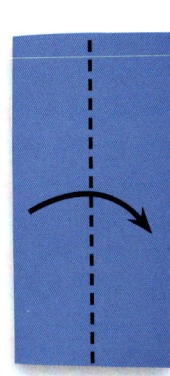

**2** Falte es noch einmal in der Mitte von links nach rechts.

**3** Das Papier sieht jetzt so aus. Entfalte es wieder und drehe es 90° nach links, sodass die Faltungen horizontal sind.

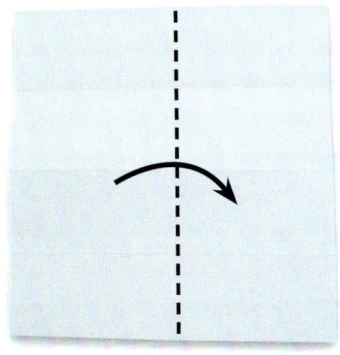

**4** Falte das Papier mit einer Talfalte in der Mitte von links nach rechts.

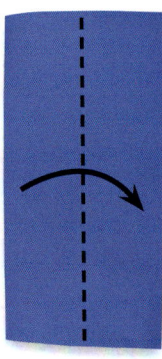

**5** Falte es noch einmal in der Mitte von links nach rechts.

**6** Jetzt sieht das Papier so aus. Entfalte es wieder.

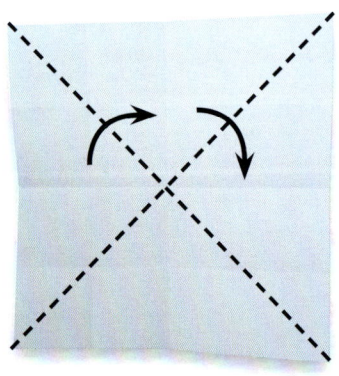

**7** Falte die linke untere Ecke diagonal nach rechts oben. Entfalte das Papier wieder und falte die linke obere Ecke diagonal nach rechts unten. Entfalte es wieder.

**8** Falte die rechte Kante mit einer Talfalte zur Mittellinie.

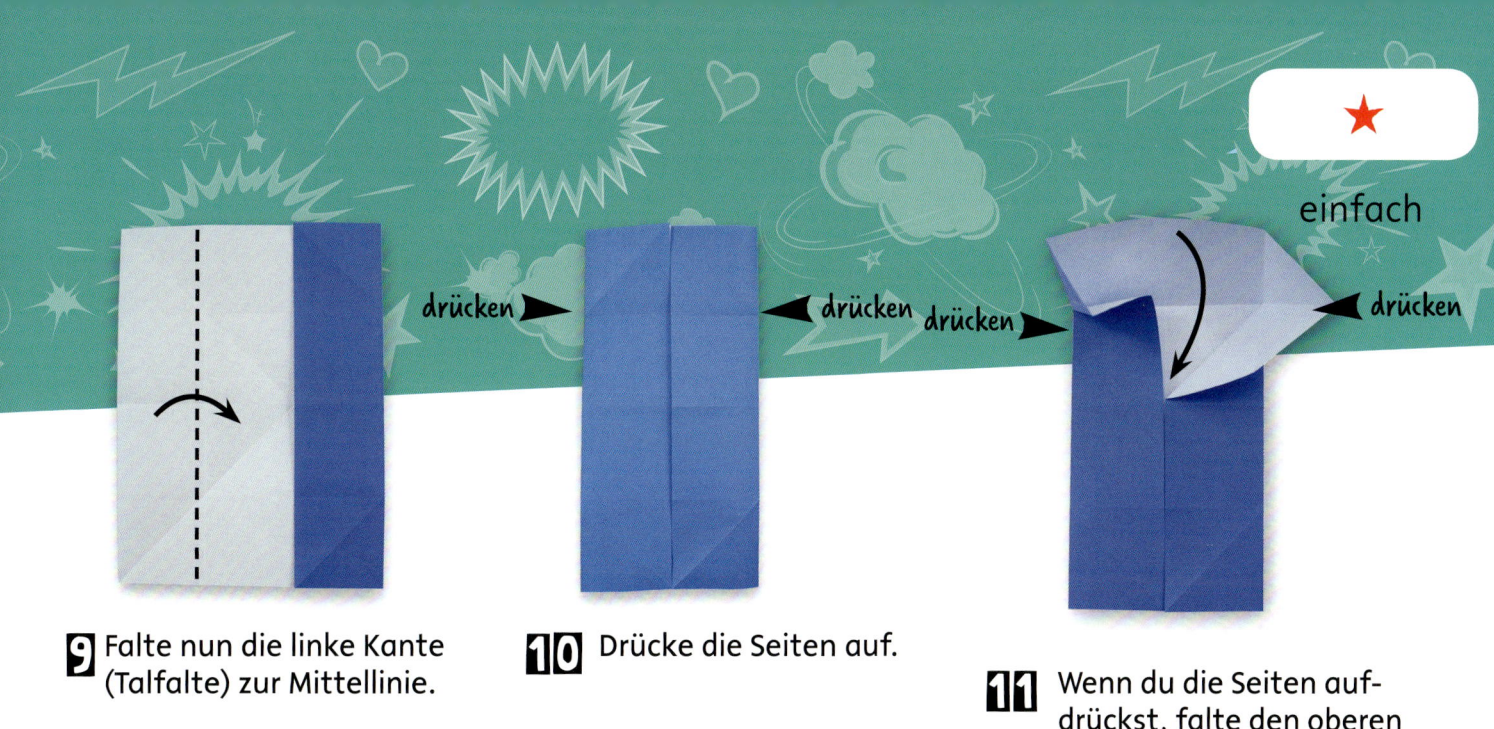

drücken ▶  ◀ drücken  drücken ▶  ◀ drücken

**9** Falte nun die linke Kante (Talfalte) zur Mittellinie.

**10** Drücke die Seiten auf.

**11** Wenn du die Seiten aufdrückst, falte den oberen Teil nach unten.

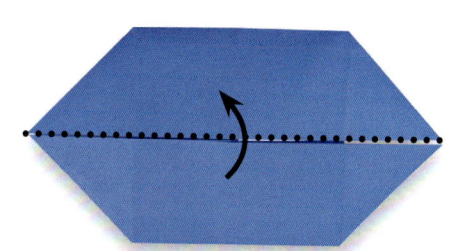

**12** Der obere Teil des Papiers hat jetzt die Form eines Trapezes. Glätte die Faltung.

**13** Drehe das Papier und wiederhole Schritt 10–12 mit dem unteren Teil.

**14** Jetzt sieht dein Papier so aus. Falte das Papier mit einer Bergfalte horizontal in der Mitte.

öffnen

**15** Öffne die obere Seite des Boots.

**16**
Dein Katamaran wartet darauf, mit dir in See zu stechen.

# Lotosblüte

Die Lotosblüte wächst im Wasser und schwimmt auf der Oberfläche. Dieses Origami erfordert viel Fingerstärke, denn du musst das Papier mehrfach falten.

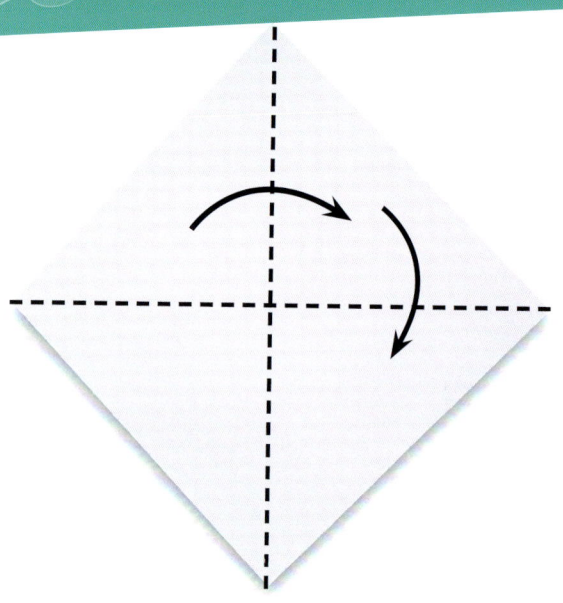

**1** Lege das Papier mit der weißen Seite nach oben. Falte es mit einer Talfalte in der Mitte von links nach rechts und entfalte es wieder. Falte es dann noch einmal von oben nach unten und entfalte es wieder.

**2** Nimm die linke Ecke und falte sie mit einer Talfalte zur Mittellinie.

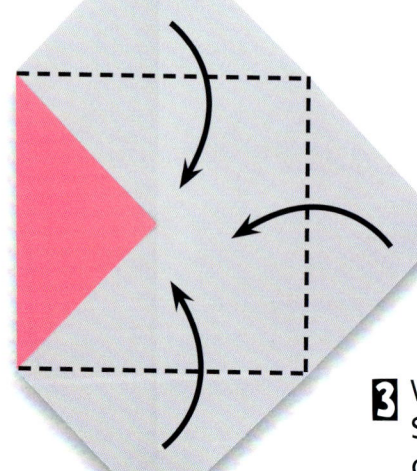

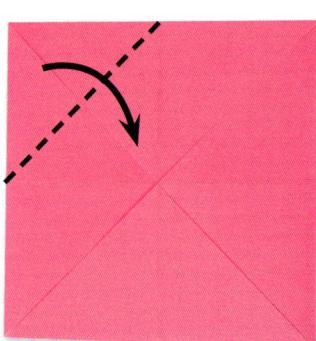

**3** Wiederhole Schritt 2 mit den anderen Ecken.

**4** Falte die linke obere Ecke mit einer Talfalte zur Mitte.

**5** Wiederhole Schritt 4 mit den anderen Ecken.

**6** Falte erneut die linke Ecke mit einer Talfalte zur Mittellinie.

**7** Wiederhole Schritt 6 mit den anderen Ecken.

**8** Jetzt sieht das Papier so aus. Drehe es um.

**9** Falte die linke obere Ecke mit einer Talfalte zur Mitte.

**10** Wiederhole Schritt 9 mit den anderen Ecken.

# Lotosblüte (Fortsetzung)

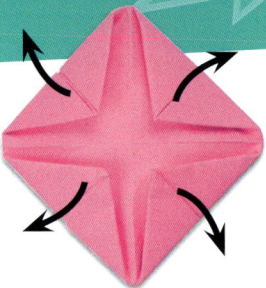

**11** Öffne die Faltungen, die du bei den Schritten 9–10 gemacht hast, sodass die Ecken nach außen zeigen.

**12** Das Papier sieht jetzt so aus. Drehe es um.

**13** Entfalte die obere Spitze.

**14** Wiederhole Schritt 13 mit den anderen Spitzen.

drücken ► ◄ drücken

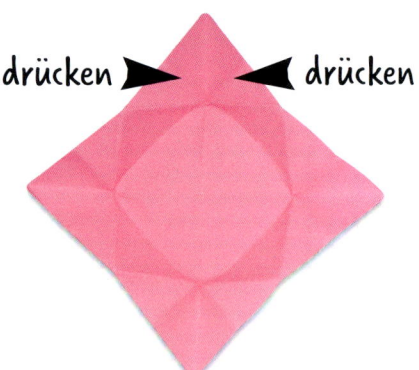

**15** Jetzt sieht das Papier so aus. Drehe es wieder um.

**16** Drücke die Seiten der oberen Spitze zusammen. Die anderen Spitzen klappen dann auch zusammen.

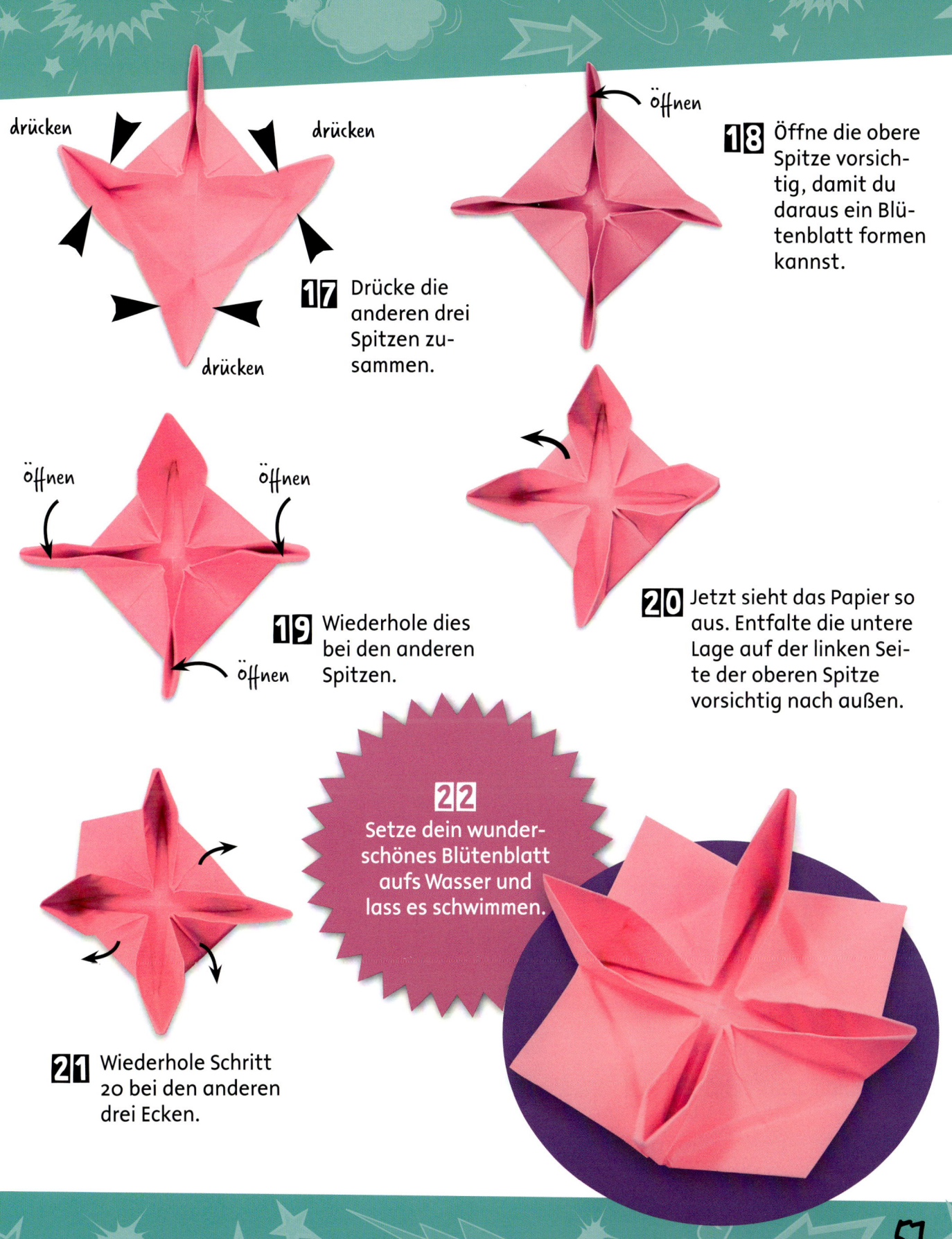

drücken drücken

drücken

**17** Drücke die anderen drei Spitzen zusammen.

öffnen

**18** Öffne die obere Spitze vorsichtig, damit du daraus ein Blütenblatt formen kannst.

öffnen öffnen

öffnen

**19** Wiederhole dies bei den anderen Spitzen.

**20** Jetzt sieht das Papier so aus. Entfalte die untere Lage auf der linken Seite der oberen Spitze vorsichtig nach außen.

**22** Setze dein wunderschönes Blütenblatt aufs Wasser und lass es schwimmen.

**21** Wiederhole Schritt 20 bei den anderen drei Ecken.

# Entchen

Quak, quak! Hier kommt eine Origami-Ente ange-
paddelt. Warum machst du nicht eine ganze Enten-
familie und lässt sie zusammen schwimmen?

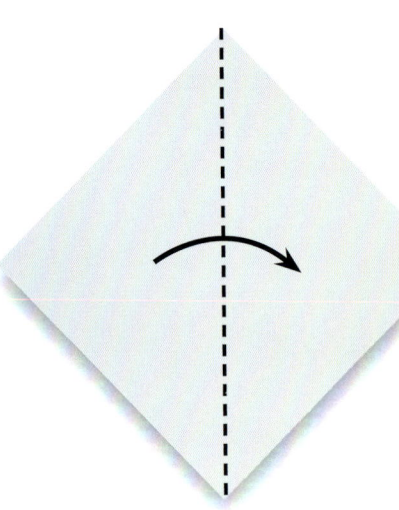

**1** Lege das Papier mit der weißen Seite nach oben vor dich.
Falte es mit einer Talfalte in
der Mitte von links nach rechts
und entfalte es wieder.

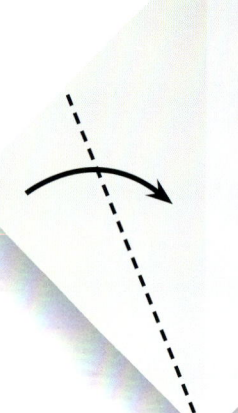

**2** Falte die linke Ecke mit
einer Talfalte zur Mit-
tellinie.

**3** Falte die rechte Ecke
ebenfalls mit einer
Talfalte zur Mittel-
linie.

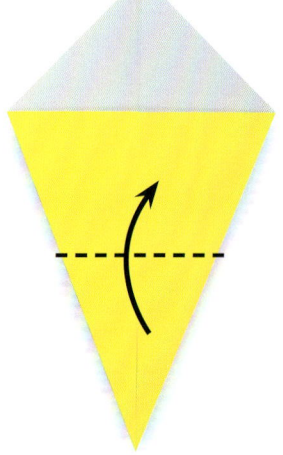

**4** Falte nun die untere
Spitze mit einer Talfalte
zur oberen Spitze.

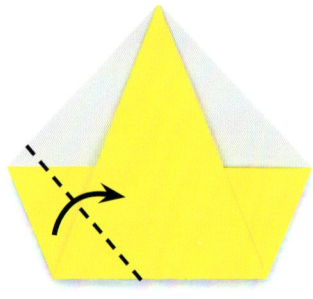

**5** Falte die untere linke Ecke
mit einer Talfalte hoch zur
Mittellinie.

**6** Falte die untere rechte
Ecke mit einer Talfalte hoch
zur Mittellinie.

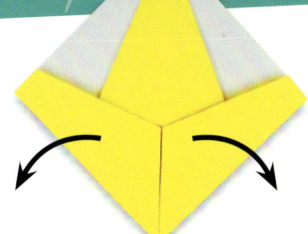

**7** Öffne die Faltungen, die du in den Schritten 5 – 6 gemacht hast.

**8** Entfalte die Faltung, die du in Schritt 4 gemacht hast, sodass die Spitze zu dir zeigt.

drücken ▶ ◀ drücken

**9** Dein Papier sieht jetzt so aus. Während die Spitze sich nach vorne neigt, drücke die Seiten zusammen.

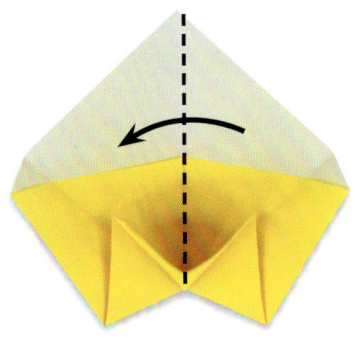

**10** Wenn die Spitze genau zu dir zeigt, falte das Papier mit einer Talfalte in der Mitte von rechts nach links.

**11** Das Papier sieht nun so aus. Falte die rechte obere Ecke mit einer Talfalte diagonal nach unten. Es entsteht ein Dreieck.

**12** Falte nun die Faltung, die du in Schritt 11 gemacht hast, mit einer Bergfalte in die andere Richtung, um einen deutlichen Knick zu erhalten. Entfalte sie wieder.

drücken

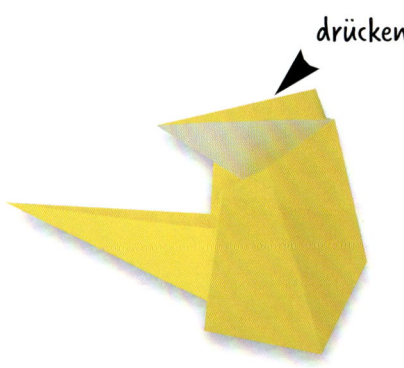

**13** Öffne das Papier und falte die Spitze zu einem Gegenbruch nach innen (siehe Seite 6).

**14** Glätte das Papier und falte die lange Kante zur Mittellinie.

**15** Drehe das Papier um und wiederhole Schritt 14.

# Entchen (Fortsetzung)

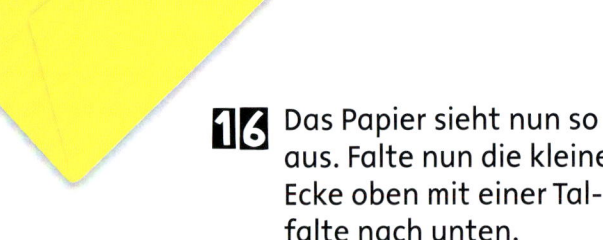

**16** Das Papier sieht nun so aus. Falte nun die kleine Ecke oben mit einer Talfalte nach unten.

**17** Falte die Ecke nun mit einer Bergfalte in die andere Richtung, sodass sie nicht zu sehen ist. Drehe dann das Papier um und wiederhole die Schritte 16 und 17 auf der anderen Seite.

**18** Jetzt sieht das Papier so aus. Falte die obere Ecke mit einer Talfalte nach unten wie abgebildet.

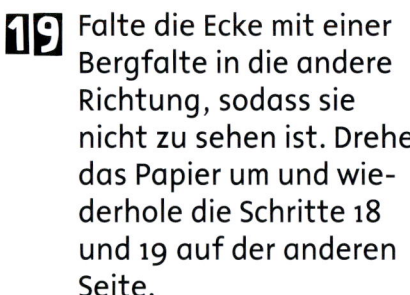

**19** Falte die Ecke mit einer Bergfalte in die andere Richtung, sodass sie nicht zu sehen ist. Drehe das Papier um und wiederhole die Schritte 18 und 19 auf der anderen Seite.

**20** Falte die Spitze mit einer Talfalte nach unten.

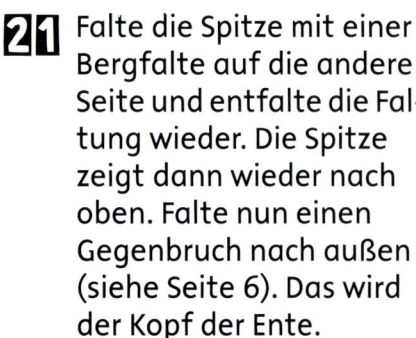

**21** Falte die Spitze mit einer Bergfalte auf die andere Seite und entfalte die Faltung wieder. Die Spitze zeigt dann wieder nach oben. Falte nun einen Gegenbruch nach außen (siehe Seite 6). Das wird der Kopf der Ente.

**23** Falte die vordere Spitze mit einer Talfalte zur gegenüberliegenden Spitze.

**22** Die Figur sieht jetzt so aus. Glätte die Faltung.

**25** Falte die Faltungen, die du in den Schritten 23 und 24 gemacht hast, zu einem Gegenbruch nach innen (siehe Seite 6) und falte die Spitze wieder nach vorne. Das ist die Nase der Ente.

**24** Dann mache eine weitere kleine Talfalte und falte die Spitze auf die andere Seite. Entfalte die Faltungen wieder.

öffnen

**26** Deine Ente ist fast fertig. Öffne die Flügel, damit sie auf dem Wasser die Balance halten kann.

**27** Zeit für ein Bad! Deine Ente ist startklar!

# Motorboot

Das Motorboot ist das schnellste der Boote. Es fährt mit einer hohen Geschwindigkeit über das Wasser. Hier siehst du, wie du dein eigenes, schnittiges Origami-Boot faltest.

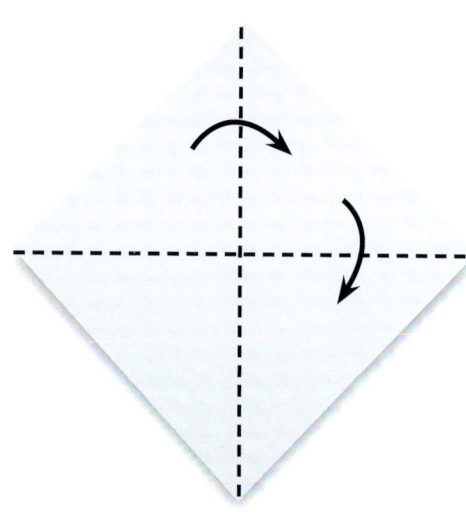

**1** Lege das Papier mit der weißen Seite nach oben vor dich und falte es jeweils mit einer Talfalte in der Mitte von rechts nach links und dann von oben nach unten und entfalte es wieder.

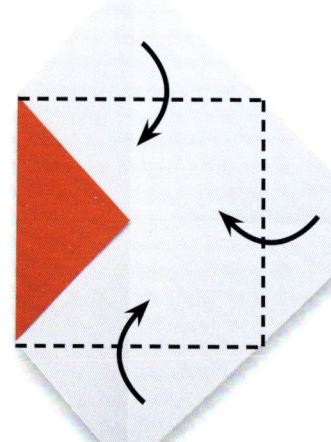

**3** Wiederhole den Schritt mit den anderen Ecken.

**2** Falte die linke Ecke mit einer Talfalte zur Mittellinie.

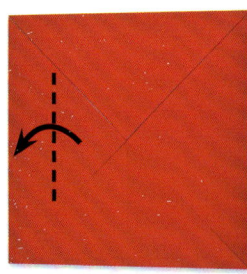

**4** Nimm die Spitze der linken Ecke und falte sie mit einer Talfalte nach außen.

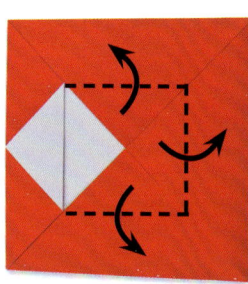

**5** Wiederhole den Schritt mit den anderen Ecken.

**6** Jetzt sieht das Papier so aus. Entfalte die obere Seite, sodass die Ecke nach oben zeigt.

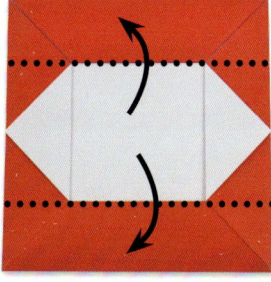

**7** Nimm die Spitze und falte sie mit einer Talfalte nach unten. Falte sie noch einmal nach unten, sodass die Spitze verdeckt ist.

**8** Wiederhole die Schritte 6 und 7 mit der unteren Spitze.

**9** Falte den oberen und unteren Teil mit einer Bergfalte nach hinten.

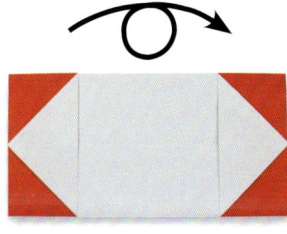

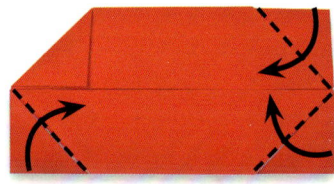

**10** Jetzt sieht das Papier so auf. Drehe es um.

**11** Falte die linke obere Ecke mit einer Talfalte nach unten zur Mittellinie.

**12** Wiederhole den Schritt mit den anderen drei Ecken.

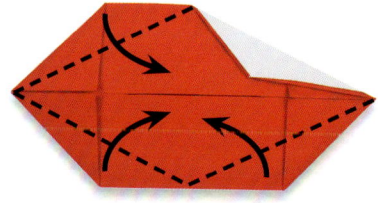

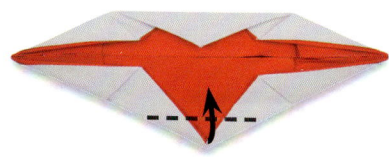

**13** Falte die rechte obere Ecke mit einer Talfalte zur Mittellinie. Wiederhole den Schritt bei den anderen Ecken.

**14** Nimm die obere Ecke und falte sie mit einer Talfalte nach unten zur Mitte.

**15** Falte die untere Ecke mit einer Talfalte nach oben.

# Motorboot (Fortsetzung)

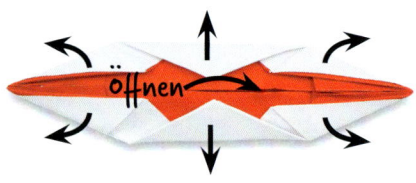

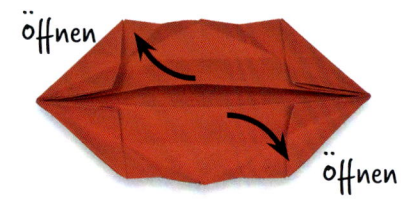

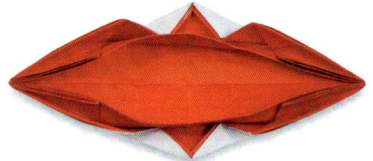

**16** Entfalte die Faltungen, die du in den Schritten 13–15 gemacht hast und öffne die Mitte.

**17** Das Papier sieht nun so aus. Öffne die innenliegenden Faltungen, indem du sie auseinanderziehst.

**18** Wenn die Faltungen weit genug offen sind, dann drücke die Unterseite des Bootes nach oben und stülpe sie nach außen.

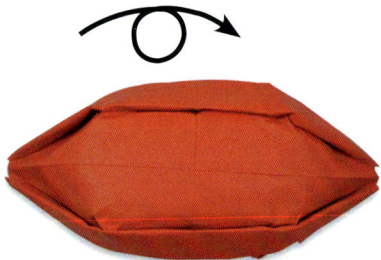

**19** So sieht das Boot nun aus. Drehe es um.

**20** Öffne die weiße Faltung auf der linken Seite und drücke sie nach oben.

**21** Öffne jetzt die weiße Faltung auf der rechten Seite und drücke sie nach oben.

**22** Dein Motorboot ist bereit, ein Rennen zu fahren!

# Action!

Vom aufblasbaren Fisch bis zur Henne, die Papiereier legt: In diesem Kapitel geht es um tolle Modelle, die sich wirklich bewegen!

Aufblasbarer Fisch

Schlagendes Herz

Es muss Liebe sein!

Henne und Ei

Springendes Pferd

Gack, gack!

# Aufblasbarer Fisch

Nach dieser Anleitung kannst du deinen eigenen Origami-Goldfisch falten. Er hält eine besondere Überraschung bereit: Er bläht sich auf, wenn du hineinbläst!

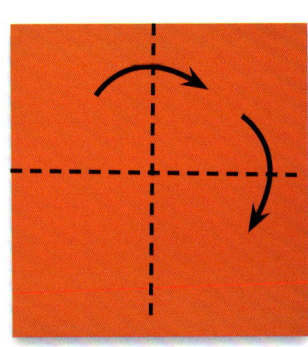

**1** Lege das Papier mit der farbigen Seite nach oben und falte es jeweils mit einer Talfalte in der Mitte von links nach rechts und von oben nach unten und entfalte es dann wieder.

**2** Drehe das Papier um.

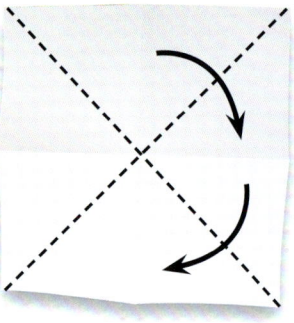

**3** Falte das Papier mit jeweils einer Talfalte diagonal in beide Richtungen. Entfalte es wieder.

**4** Drücke die linke und die rechte Seite zusammen.

**5** Das Papier fängt dabei an, sich zusammenzufalten.

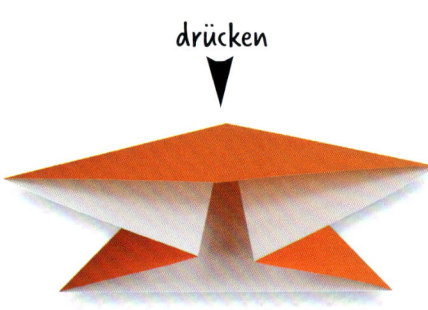

**6** Drücke das Papier zusammen, sodass ein Dreieck entsteht.

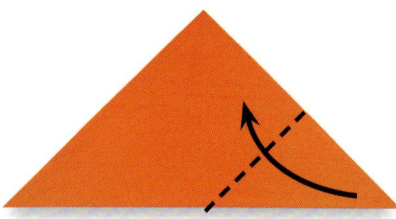

**7** Falte die obere Lage der rechten Ecke mit einer Talfalte nach oben.

**8** Wiederhole Schritt 7 mit der oberen Lage der linken Ecke.

**9** Falte die obere Lage der rechten Ecke mit einer Talfalte zur Mittellinie.

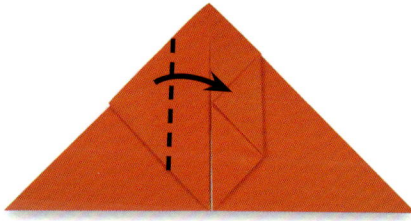

**10** Wiederhole Schritt 9 auf der linken Seite.

**11** Falte die obere Lage der Spitze auf der rechten Seite mit einer Talfalte zur Kante, die aus der Faltung von Schritt 9 entstanden ist.

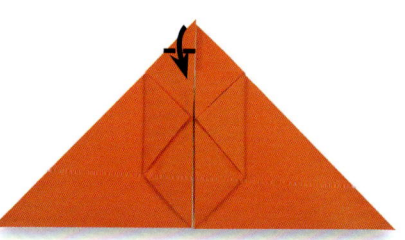

**12** Wiederhole Schritt 11 auf der linken Seite.

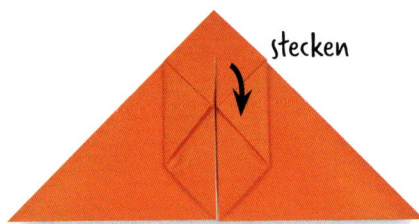

stecken

**13** Stecke die Faltung von Schritt 11 in die Lasche, die in Schritt 9 entstanden ist.

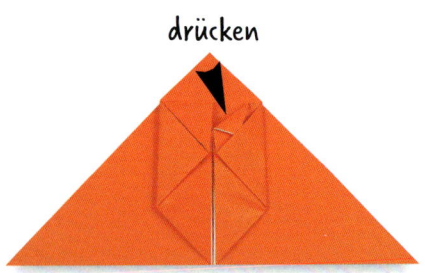

drücken

**14** Drücke die Ecke hinein, bis sie nicht mehr zu sehen ist.

drücken

**15** Wiederhole die Schritte 13 und 14 auf der linken Seite.

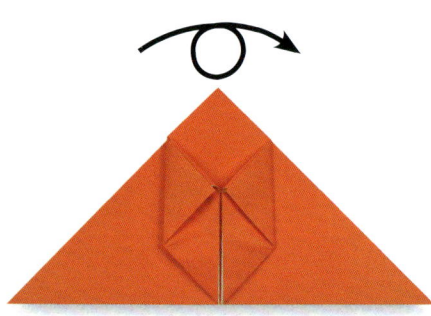

**16** Drehe das Papier um.

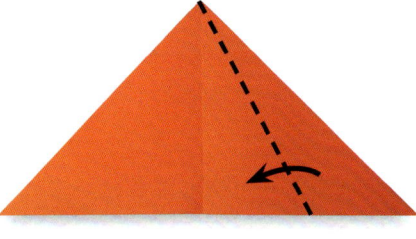

**17** Falte die rechte Ecke mit einer Talfalte zur Mittellinie.

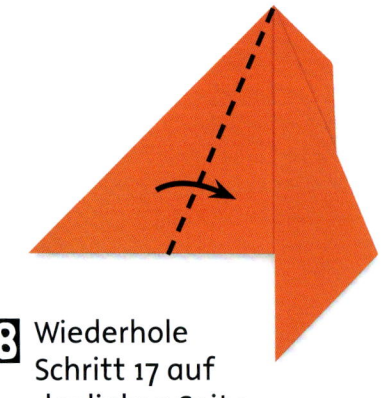

**18** Wiederhole Schritt 17 auf der linken Seite.

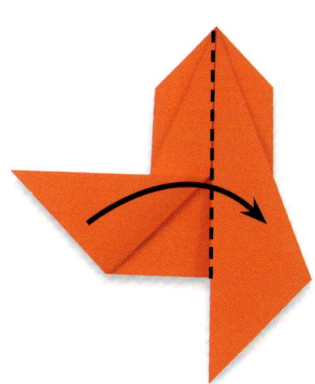

**19** Falte die linke untere Ecke mit einer Talfalte nach oben, wie abgebildet.

**20** Falte die obere Lage der entstandenen Seite mit einer Talfalte nach rechts.

**21** Streiche die Faltungen glatt.

**22** Um den Fisch aufzublasen, puste vorsichtig in den Bereich, der auf dem Bild eingekreist ist.

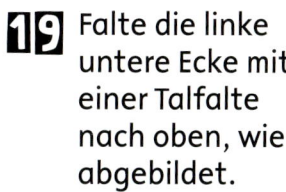

pusten

**23** Dein Goldfisch ist fertig, wenn du ihm noch Augen und einen Mund aufgemalt hast!

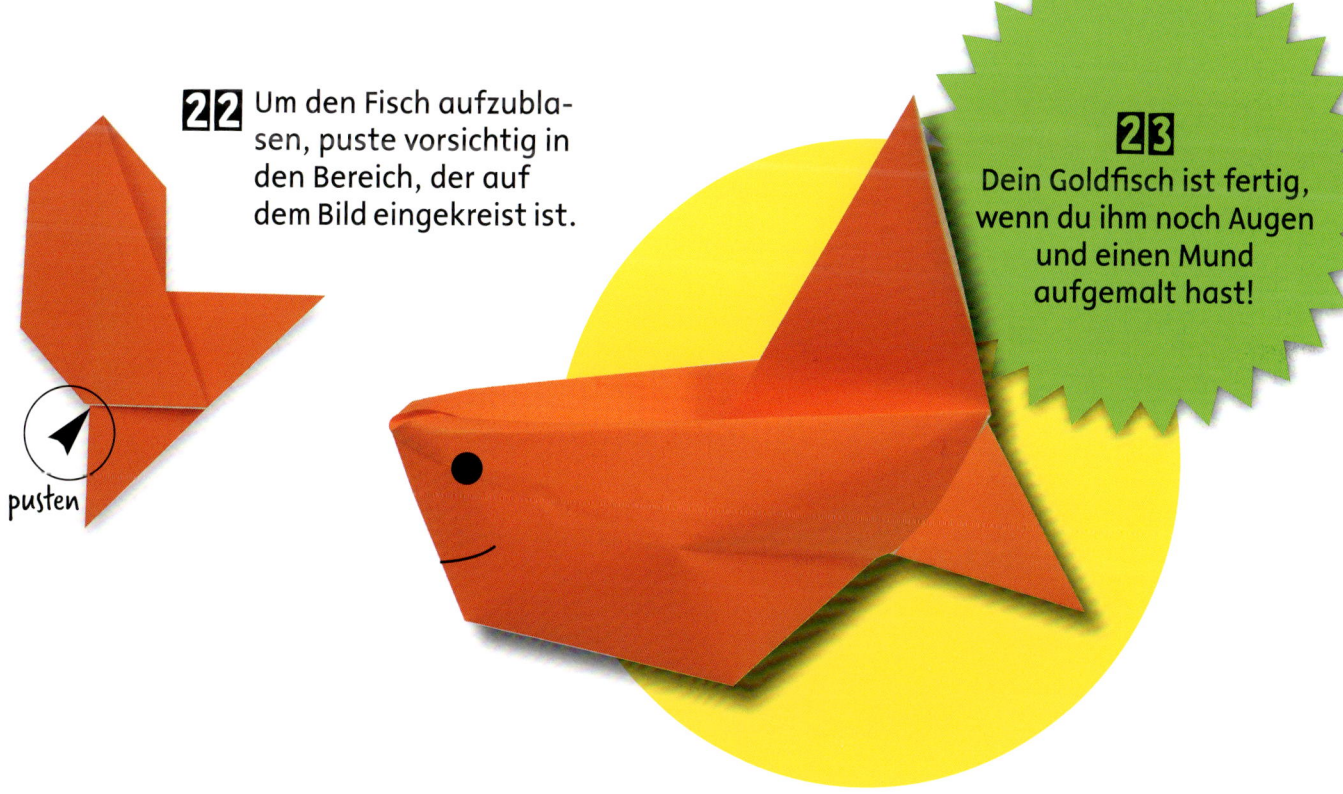

# Schlagendes Herz

Dieses romantische Origami-Herz ist etwas Besonderes – denn es schlägt wirklich! Mit etwas Geschick kannst du es richtig schnell schlagen lassen.

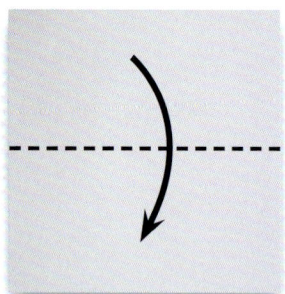

**1** Lege das Papier mit der weißen Seite nach oben vor dich. Falte es mit einer Talfalte in der Mitte von oben nach unten und entfalte es wieder.

**2** Falte es dann mit einer Talfalte in der Mitte von links nach rechts.

**3** Falte die linke obere Ecke mit einer Talfalte zur Mittellinie.

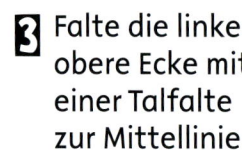

**4** Wiederhole den Schritt mit der linken unteren Ecke.

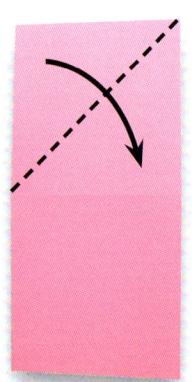

**5** Drehe das Papier um.

entfalten

entfalten

**6** Entfalte die Faltungen von Schritt 3 und 4 wieder.

**7** Falte die rechte obere Ecke mit einer Talfalte diagonal wie abgebildet und entfalte sie wieder. Dann falte die linke obere Spitze nach unten links, sodass ein Dreieck entsteht.

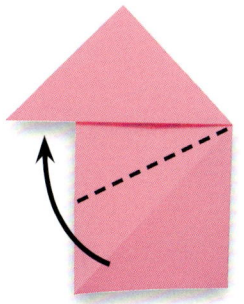

**8** Das Papier sieht nun so aus. Wiederhole Schritt 7, aber falte nun die linke untere Spitze nach oben.

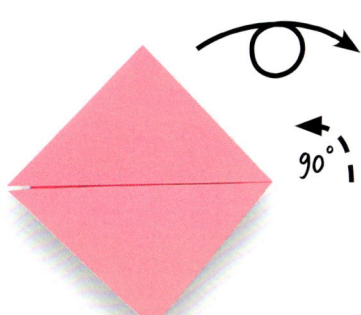

**9** Drehe dein Papier um 90° nach links und drehe es dann von links nach rechts um.

**10** Jetzt sieht es so aus. Falte auf der rechten Seite eine diagonale Talfalte zur Mitte, wie abgebildet.

**11** Wiederhole Schritt 10 auf der linken Seite.

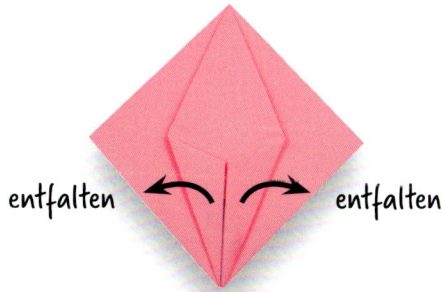

entfalten          entfalten

**12** Entfalte die Faltungen, die du in den Schritten 10 und 11 gemacht hast, wieder.

# Schlagendes Herz (Fortsetzung)

**13** Öffne die horizontale Lasche, wie abgebildet.

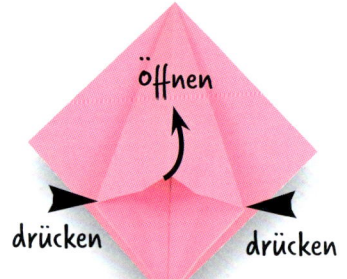

**14** Drücke gleichzeitig die beiden Kanten an den Seiten zusammen.

**15** Wenn die beiden Kanten zusammenstoßen, entsteht oben ein Dreieck. Drücke es nach oben, lege es um und glätte die Faltung.

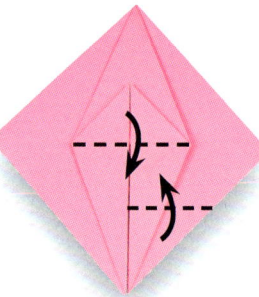

**16** Das Papier sieht nun so aus. Falte mit einer Talfalte die mittlere Spitze nach vorne, sodass sie aufrecht steht. Das ist der Griff. Falte dann mit einer Talfalte die rechte untere Spitze zur Mitte.

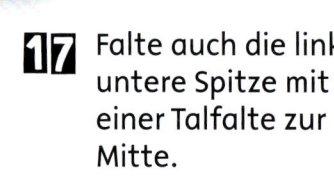

**17** Falte auch die linke untere Spitze mit einer Talfalte zur Mitte.

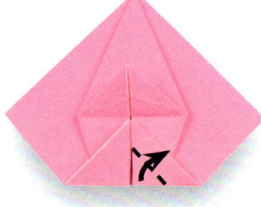

**18** Falte die untere rechte Spitze diagonal nach oben zur Kante der Faltung von Schritt 16.

**19** Falte die untere linke Spitze diagonal nach oben zur Kante der Faltung von Schritt 17.

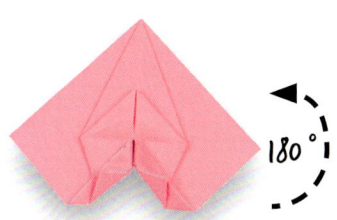

**20** Dein Papier sieht jetzt so aus. Drehe es um 180°.

stecken

**21** Öffne die beiden letzten Faltungen wieder und stecke die rechte obere Lasche hinter die mittlere Faltung des Papiers.

stecken

**22** Stecke sie so weit hinter die Faltung, dass sie nicht mehr zu sehen ist.

stecken

**23** Wiederhole die Schritte 21 und 22 auf der linken Seite.

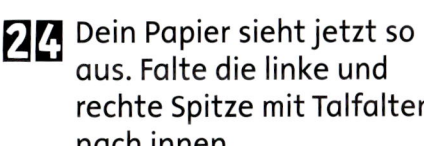

**24** Dein Papier sieht jetzt so aus. Falte die linke und rechte Spitze mit Talfalten nach innen.

**26** Halte den Griff zwischen dem Daumen und den ersten beiden Fingern und drücke sie nach vorne, um das Herz schlagen zu lassen.

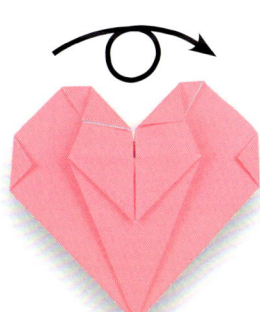

**25** Drehe das Papier um und dein Herz ist fertig.

# Springendes Pferd

Wenn du dieses Origami-Pferd gefaltet hast, wird es vor Freude einen Salto machen. Du benötigst zusätzlich eine Schere, um die Figur fertigzustellen.

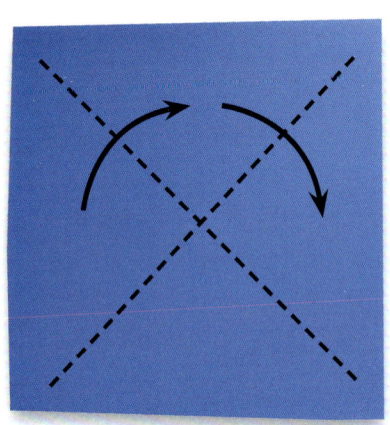

**1** Lege das Papier mit der farbigen Seite nach oben. Falte das Papier jeweils mit einer Talfalte in der Mitte diagonal auf beiden Seiten. Entfalte es wieder.

**2** Dein Papier sollte jetzt so aussehen. Drehe es um.

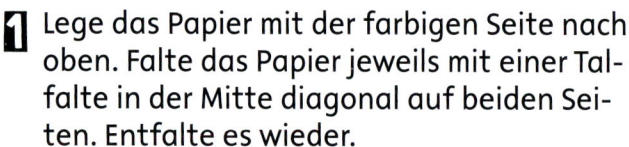

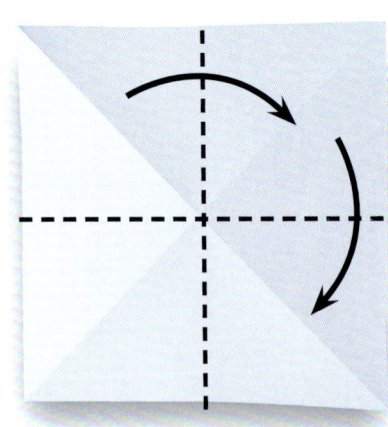

**3** Falte das Papier mit jeweils einer Talfalte in der Mitte von oben nach unten und von rechts nach links. Entfalte es wieder.

drücken          drücken

**4** Drehe das Papier, sodass eine Spitze zu dir zeigt. Drücke die linke und rechte Seite aufeinander zu.

**5** Während du drückst, faltet sich das Papier zu einem kleinen Quadrat, wie abgebildet. Drücke es flach herunter.

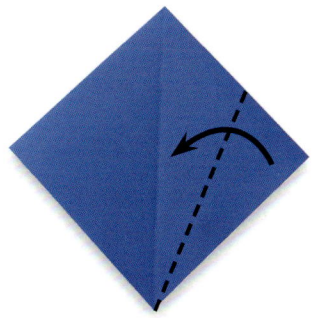

**6** Falte mit einer Talfalte die rechte Ecke der oberen Lage zur Mittellinie.

**7** Falte mit einer Talfalte nun die linke Ecke der oberen Lage zur Mittellinie.

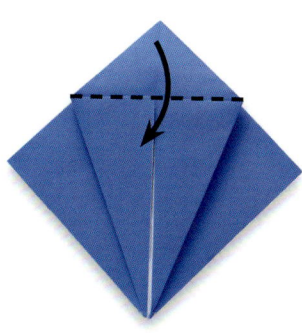

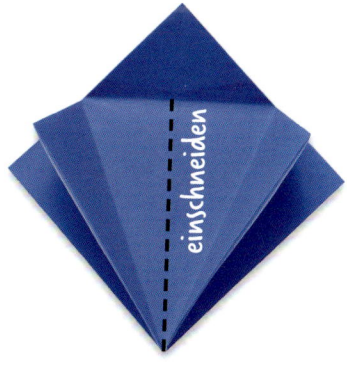

**8** Falte die obere Spitze mit einer Talfalte nach unten, wie abgebildet.

**9** Öffne die Faltungen der Schritte 6 bis 8.

**10** Nimm eine Schere und mache einen geraden Schnitt in die obere Lage von unten nach nach oben bis zur horizontalen Faltung.

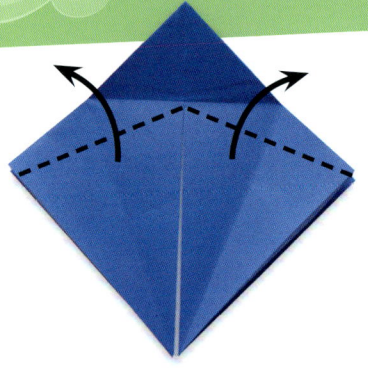

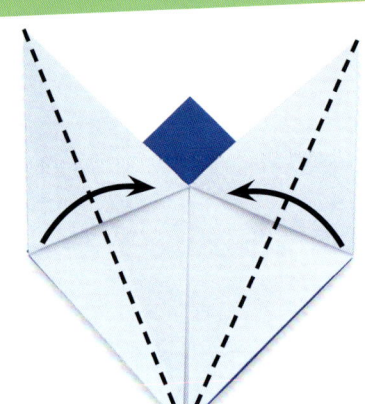

**12** Jetzt sieht das Papier so aus. Falte mit einer Talfalte die obere Lage der linken Seite zur Mittellinie. Wiederhole den Schritt auf der rechten Seite.

**11** Das Papier sieht jetzt so aus. Falte mit einer Talfalte jeweils die obere Lage der rechten und der linken Seite nach oben.

**13** Dein Papier sieht jetzt so aus. Drehe es von der linken auf die rechte Seite um und wiederhole die Schritte 6–12.

**14** Das Papier sollte jetzt so aussehen. Drehe es um 180°.

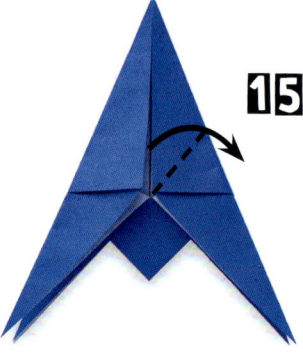

**15** Falte mit einer Talfalte die rechte obere Ecke schräg über die rechte untere.

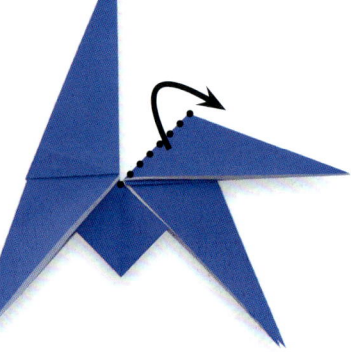

**16** Falte sie nun in die andere Richtung, sodass eine Bergfalte entsteht. Dann falte daraus einen Gegenbruch nach innen (siehe Seite 6). Das ist der Schwanz deines Pferdes.

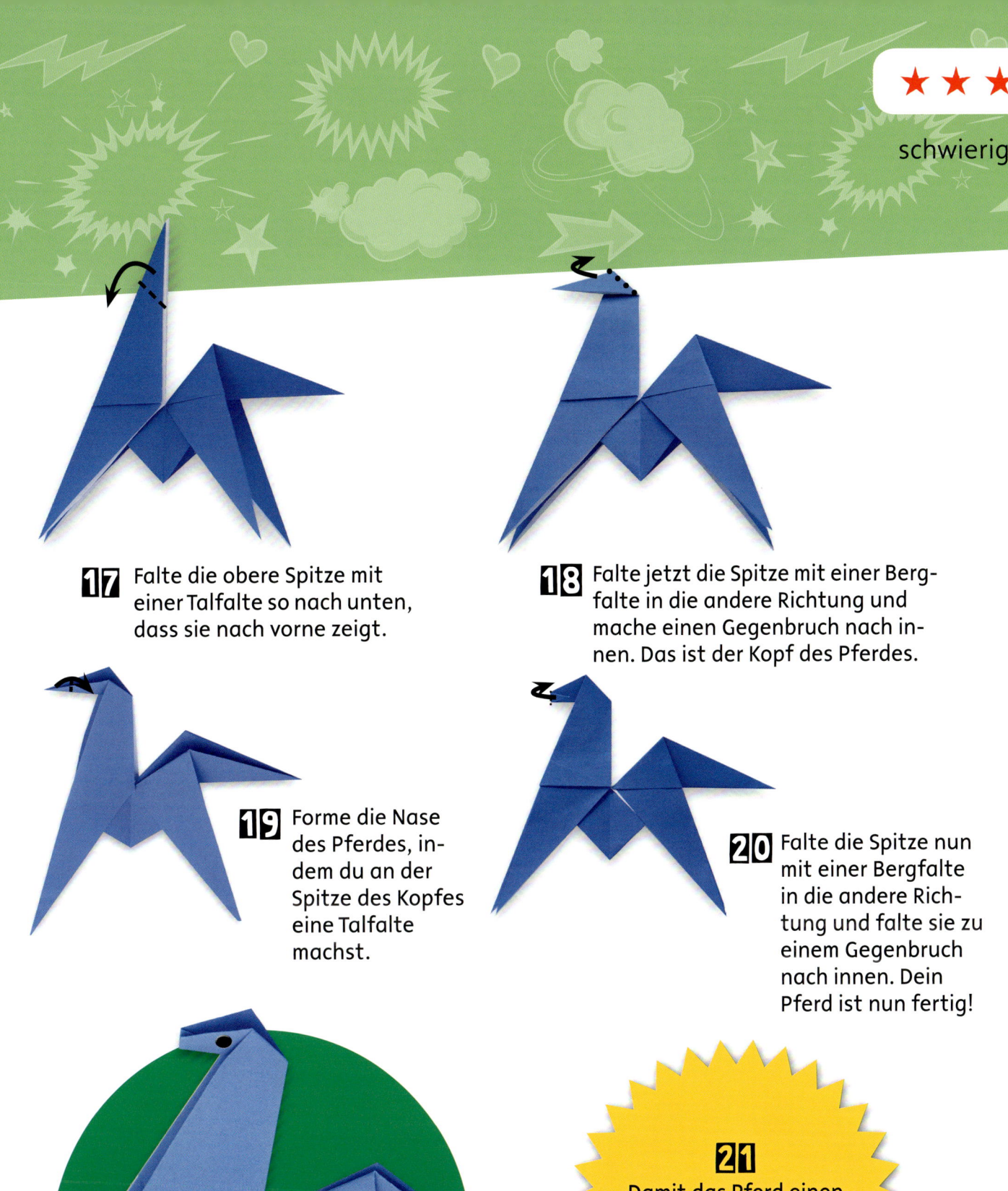

**17** Falte die obere Spitze mit einer Talfalte so nach unten, dass sie nach vorne zeigt.

**18** Falte jetzt die Spitze mit einer Bergfalte in die andere Richtung und mache einen Gegenbruch nach innen. Das ist der Kopf des Pferdes.

**19** Forme die Nase des Pferdes, indem du an der Spitze des Kopfes eine Talfalte machst.

**20** Falte die Spitze nun mit einer Bergfalte in die andere Richtung und falte sie zu einem Gegenbruch nach innen. Dein Pferd ist nun fertig!

**21** Damit das Pferd einen Salto macht, musst du seinen Schwanz fest nach oben schnipsen!

# Henne und Ei

Aus einem einzigen Papier kannst du die Henne und ein kleines Ei falten. Beachte aber, dass du zusätzlich eine Schere benötigst.

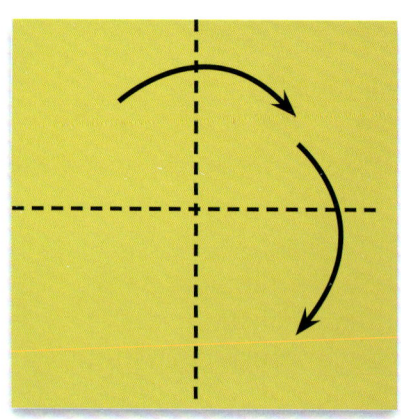

**1** Lege das Papier mit der farbigen Seite nach oben und falte es jeweils mit einer Talfalte in der Mitte von links nach rechts und von oben nach unten. Entfalte es wieder.

**2** Drehe das Papier um.

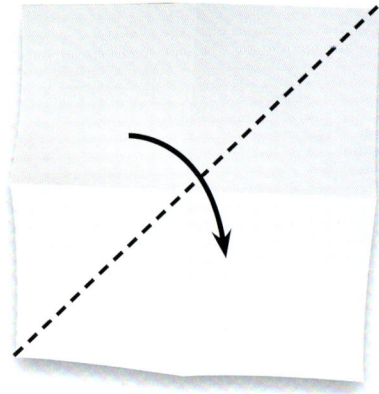

**3** Falte das Papier mit einer Talfalte diagonal in der Mitte von der linken Seite auf die rechte Seite und entfalte es wieder.

drücken

drücken

flachdrücken

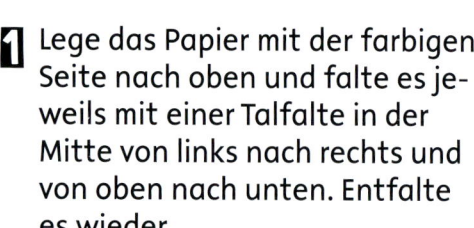

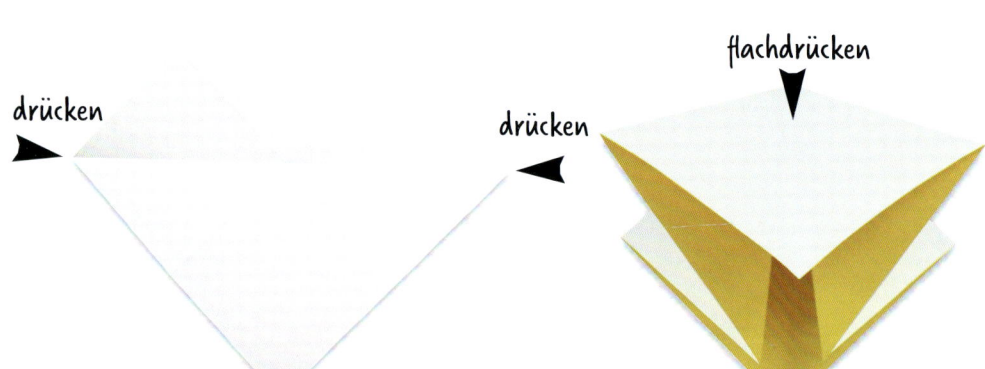

180°

**4** Drehe das Papier so, dass die diagonale Faltung horizontal liegt und eine Spitze zu dir zeigt. Drücke nun die linke und rechte Seite aufeinander zu.

**5** Während du drückst, faltet sich das Papier zu einem kleinen Quadrat, wie abgebildet. Drücke es flach herunter.

**6** Das Papier sollte nun so aussehen. Drehe es um 180°, sodass die offene Seite nach oben zeigt.

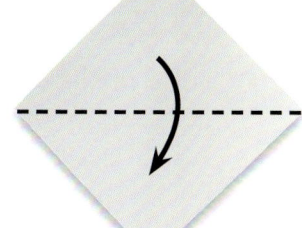

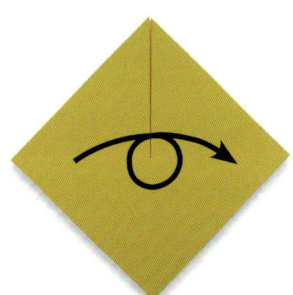

**7** Falte die Spitze der oberen Lage mit einer Talfalte in der Mitte nach unten.

**8** Jetzt sieht das Papier so aus. Drehe es von links nach rechts um.

**9** Falte erneut die Spitze der oberen Lage mit einer Talfalte in der Mitte nach unten.

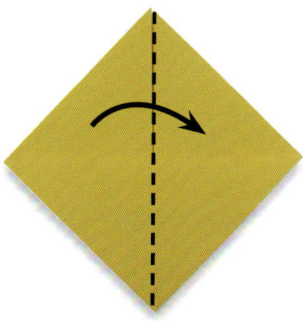

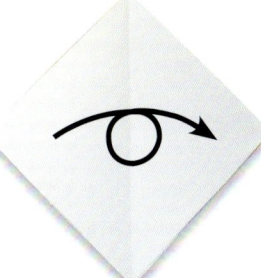

**10** Falte die linke Seite der oberen Lage mit einer Talfalte über die ganze Seite nach rechts.

**11** Das Papier sieht jetzt so aus. Drehe es um und wiederhole Schritt 10 auf der anderen Seite.

**12** Falte die linke Ecke der oberen Lage mit einer Talfalte zur Mitte.

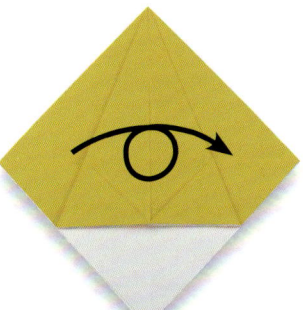

**13** Wiederhole Schritt 12 auf der rechten Seite.

**14** Das Papier sieht jetzt so aus. Drehe es von links nach rechts um.

# Henne und Ei
## (Fortsetzung)

**15** Falte die rechte Ecke mit einer Talfalte zur Mittellinie.

**16** Falte die linke Ecke mit einer Talfalte zur Mittellinie.

**17** Dein Papier sieht nun so aus.

**18** Falte die linke Lasche über die ganze Seite nach rechts.

**19** Drehe das Papier von der linken auf die rechte Seite und falte erneut die linke Lasche über die ganze Seite nach rechts.

**20** Das Papier sollte jetzt so aussehen, dass ein Spalt zwischen den oberen beiden Ecken zu sehen ist. Für den Schwanz faltest du die rechte obere Spitze mit einer Talfalte diagonal nach unten.

**21** Falte die obere Spitze mit einer Bergfalte in die andere Richtung und falte daraus einen Gegenbruch nach innen (siehe Seite 6).

**22** Öffne das Dreieck, das gerade entstanden ist, ein wenig und falte die Spitze des Schwanzes mit einer Bergfalte nach unten.

**23** Das Papier sieht jetzt so aus. Glätte die Kanten.

**24** Für den Kopf faltest du die linke Spitze mit einer Talfalte diagonal nach links.

**25** Falte die Spitze nun mit einer Bergfalte auf die andere Seite und falte sie dann zu einem Gegenbruch nach innen.

**26** Falte einen zweiten kleineren Gegenbruch nach innen, der in die andere Richtung zeigt.

**27** Mache für den Schnabel einen dritten Gegenbruch nach innen, der zurück in die andere Richtung zeigt.

**28** Das Papier sieht nun so aus. Falte die untere Spitze der oberen Lage mit einer Talfalte nach oben.

stecken

**29** Falte die obere Spitze mit einer Bergfalte nach hinten und stecke sie in die mittlere Lasche. Drehe die Figur um und wiederhole den Schritt auf der anderen Seite.

# Henne und Ei (Fortsetzung)

abschneiden

**30** Nimm die Schere und schneide das Papier horizontal etwa 2 cm von unten ab.

**31** Du hast jetzt zwei Teile Papier.

**32** Falte beim kleineren Teil mit einer Bergfalte die rechte Ecke der oberen Lage nach hinten.

stecken

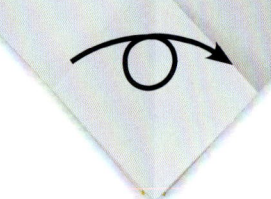

**33** Stecke die Ecke hinter die Lasche und wiederhole den Schritt mit der linken Ecke.

**34** Das Papier sieht jetzt so aus. Drehe es von links nach rechts um und wiederhole Schritt 32 und 33 auf der anderen Seite.

**35** Das kleinere Teil sieht jetzt so aus. Das ist das Ei.

**36**

Lass das Ei von oben in die Henne gleiten. Bewege die seitlichen Laschen auf und ab und schau, wie das Ei unten herausfällt. Es sieht so aus, als würde deine Henne tatsächlich ein Ei legen!

# Schnapp, schnapp!

In diesem Kapitel lernst du, eine Menge sagenhafter schnappender Origami-Figuren zu falten – vom bellenden Hund bis zum küssenden Froschkönig!

Wuff, wuff!

Bellender Hund

Pickendes Huhn

Vielleicht verwandle ich mich in einen Prinzen!

Froschkönig

Hungriger Fisch

# Hungriger Fisch

Es ist ganz einfach, ein Papier in diesen hungrigen Origami-Fisch zu verwandeln. Pass auf, mit seinem großen Maul verschlingt er alles!

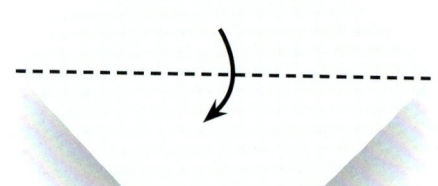

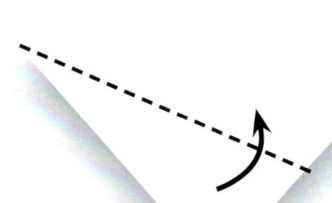

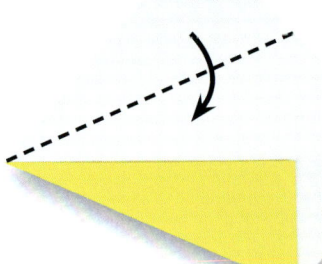

**1** Lege das Papier mit der weißen Seite nach oben vor dich. Falte die obere Ecke mit einer Talfalte nach unten und entfalte sie wieder.

**2** Falte die untere Ecke mit einer Talfalte nach oben zur Mittellinie.

**3** Falte die obere Ecke mit einer Talfalte nach unten zur Mittellinie.

**4** Das Papier sieht jetzt so aus. Drehe es von oben nach unten auf die andere Seite.

**5** Falte das Papier mit einer Talfalte in der Mitte von links nach rechts.

**6** Das Papier sieht jetzt so aus. Drehe es um.

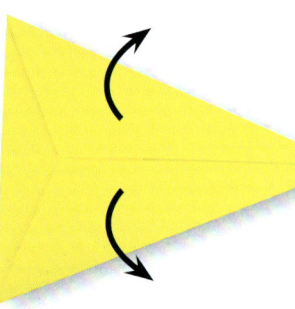

**7** Falte die obere Ecke nach unten zur Mittellinie.

**8** Falte die untere Ecke nach oben zur Mittellinie.

**9** Das Papier sieht nun so aus. Entfalte die Faltungen aus den Schritten 7–8, sodass die Ecken in die Höhe zeigen.

öffnen

drücken

**10** Öffne die horizontale Lasche in der Mitte und drücke sie nach links, wie abgebildet.

**11** Durch das Zusammen-drücken klappen sich die obere und die untere Lasche nach innen, wie abgebildet. Glätte die Kanten.

**12** Falte die rechte Spitze der oberen Lage auf. Das ist die erste Schwanz-flosse.

**14** Falte die rechte Spitze der oberen Lage auf. Das ist die zweite Schwanzflosse.

**13** Das Papier sieht jetzt so aus. Drehe es von oben nach unten um.

**16** Um das Maul deines Fisches zu öffnen, nimm eine Schwanz-flosse in jede Hand. Wenn du sie nun auseinanderziehst, öffnet sich der Mund deines Fisches. Wenn du sie zusam-mendrückst, wird er zuschnappen!

**15** Dein hungriger Origa-mi-Fisch ist fertig.

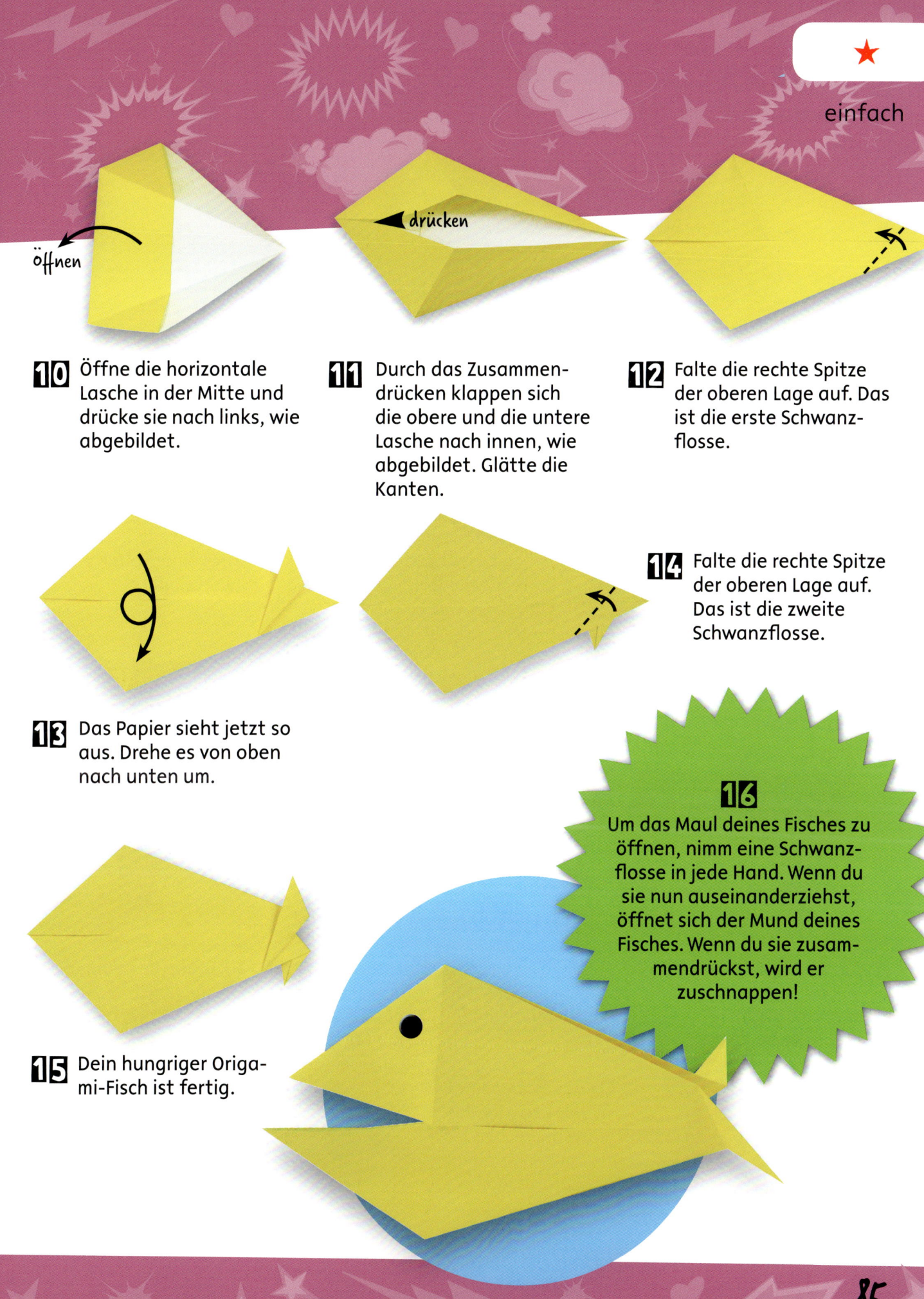

# Pickendes Huhn

Mit dieser einfachen Anleitung kannst du ein Papier-huhn falten, das auf dem Boden pickt und wie ein richtiger Vogel nach essbaren Sachen sucht.

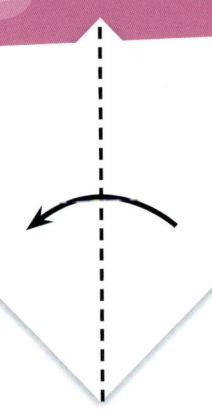

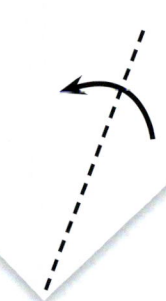

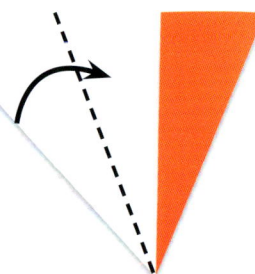

**1** Lege das Papier mit der weißen Seite nach oben. Falte die rechte Seite mit einer Talfalte nach links und entfalte sie wieder.

**2** Falte die rechte Spitze mit einer Talfalte zur Mittellinie.

**3** Falte die linke Spitze mit einer Talfalte zur Mittellinie.

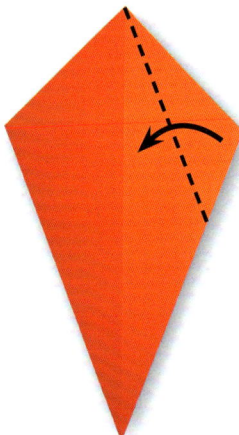

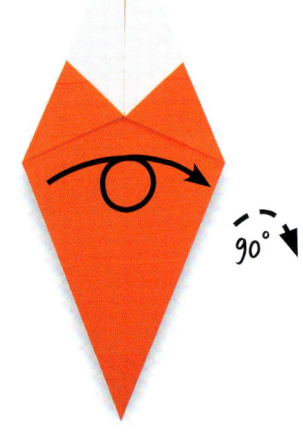

**4** Das Papier sieht jetzt so aus. Drehe es von der linken auf die rechte Seite.

**5** Falte die obere rechte Ecke mit einer Talfalte zur Mittellinie.

**6** Falte die obere linke Ecke mit einer Talfalte zur Mittellinie.

**7** Drehe das Papier von links nach rechts und um 90° nach rechts.

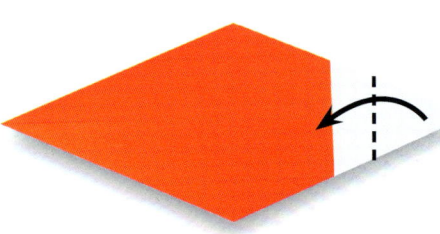

**8** Das Papier sieht jetzt so aus. Falte die rechte Spitze mit einer Talfalte nach links.

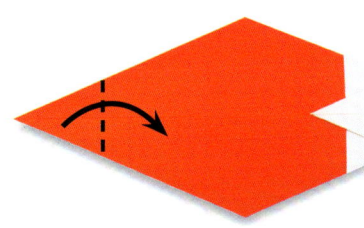

**9** Falte die linke Spitze mit einer Talfalte nach rechts.

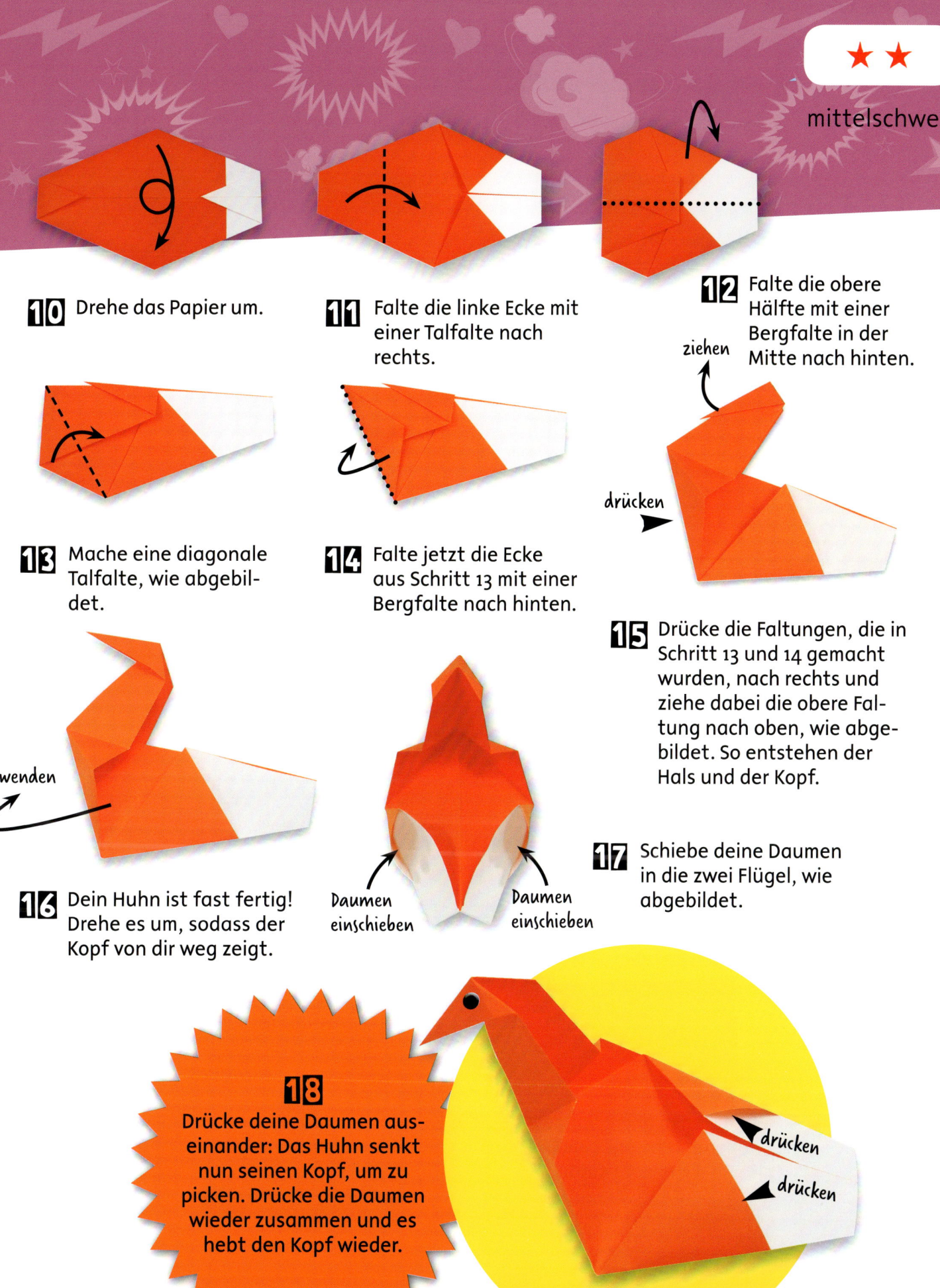

**10** Drehe das Papier um.

**11** Falte die linke Ecke mit einer Talfalte nach rechts.

**12** Falte die obere Hälfte mit einer Bergfalte in der Mitte nach hinten.

ziehen

drücken

**13** Mache eine diagonale Talfalte, wie abgebildet.

**14** Falte jetzt die Ecke aus Schritt 13 mit einer Bergfalte nach hinten.

**15** Drücke die Faltungen, die in Schritt 13 und 14 gemacht wurden, nach rechts und ziehe dabei die obere Faltung nach oben, wie abgebildet. So entstehen der Hals und der Kopf.

wenden

Daumen einschieben

Daumen einschieben

**16** Dein Huhn ist fast fertig! Drehe es um, sodass der Kopf von dir weg zeigt.

**17** Schiebe deine Daumen in die zwei Flügel, wie abgebildet.

**18** Drücke deine Daumen auseinander: Das Huhn senkt nun seinen Kopf, um zu picken. Drücke die Daumen wieder zusammen und es hebt den Kopf wieder.

drücken

drücken

# Bellender Hund

Dieser bellende Hund ist sehr niedlich. Wenn du es geschafft hast, ihn zu falten, kannst du ihm gleich noch einen Freund zum Spielen falten.

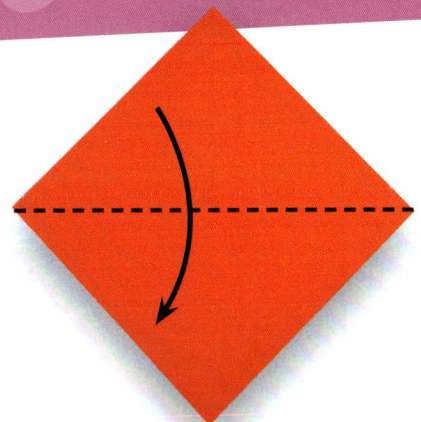

**1** Lege das Blatt mit der farbigen Seite nach oben und falte es mit einer Talfalte in der Mitte von oben nach unten.

**2** Falte die obere Lage der unteren Spitze mit einer Talfalte diagonal an die obere Kante.

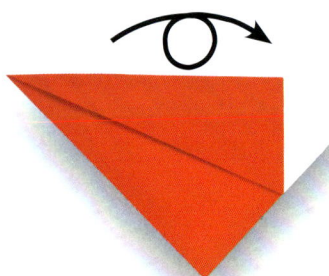

**3** Drehe das Blatt um.

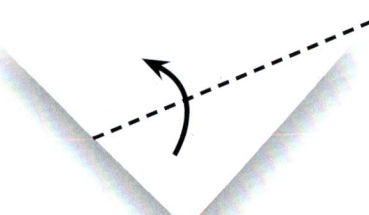

**4** Falte die obere Lage der unteren Spitze mit einer Talfalte diagonal an die obere Kante.

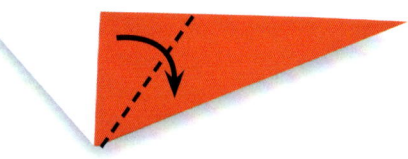

**5** Falte die linke obere Spitze der oberen Lage mit einer Talfalte an die untere Kante.

**6** Drehe das Papier um und wiederhole Schritt 5 auf der anderen Seite.

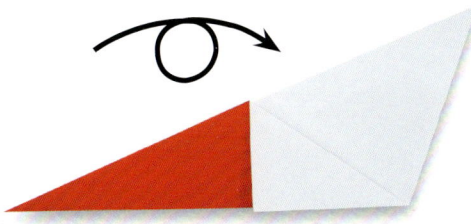

**7** Jetzt sieht das Papier so aus. Wende es wieder horizontal.

**8** Falte die linke Spitze entlang der in Schritt 5 entstandenen Faltlinie nach unten, wie gezeigt.

**9** Entfalte die in Schritt 8 gemachte Faltung wieder.

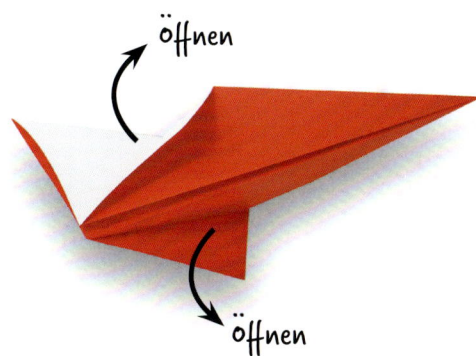

**10** Öffne die Figur wieder und drehe die farbige Seite nach oben.

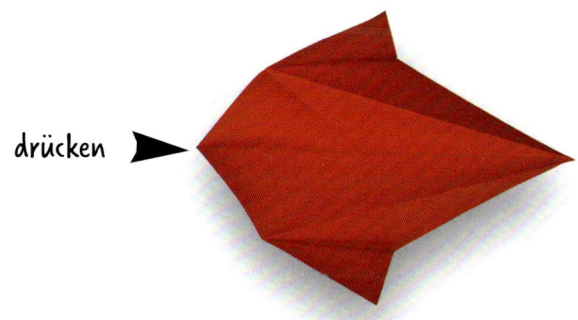

**11** Das Papier sieht jetzt so aus. Drücke die linke Spitze nach oben und rechts, sodass ein Gegenbruch nach innen entsteht (siehe Seite 6).

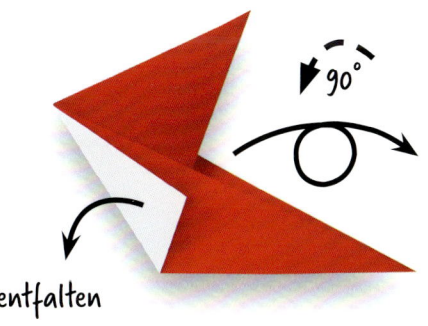

**12** Entfalte die kleinen äußeren Dreiecke. Drehe dann deine Figur 90° nach links und wende sie.

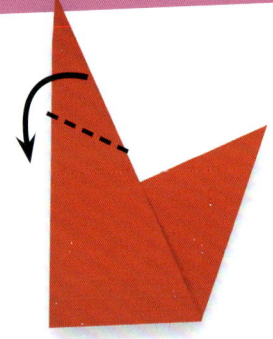

**13** Deine Figur sieht nun so aus. Falte die obere Spitze mit einer Talfalte nach unten, wie gezeigt.

**14** Falte die Spitze dann mit einer Bergfalte auf die andere Seite.

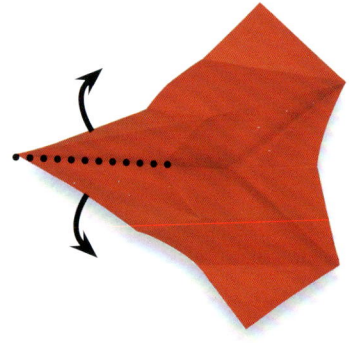

**15** Öffne die linke Spitze und falte wie abgebildet eine Bergfalte. Drücke dabei die Seiten nach unten und mache einen Gegenbruch nach außen (siehe Seite 6).

**16** Die Figur sieht jetzt so aus. Drücke sie flach.

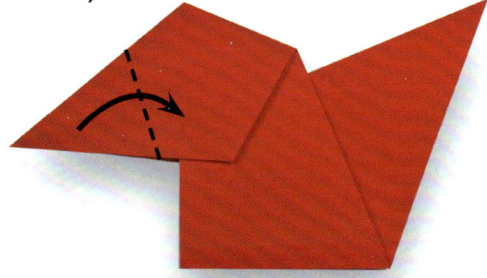

**17** Falte die linke Spitze der Schnauze mit einer Talfalte nach rechts und dann mit einer Bergfalte nach hinten.

**18** Falte die rechte Spitze der Schnauze mit einer Talfalte nach links.

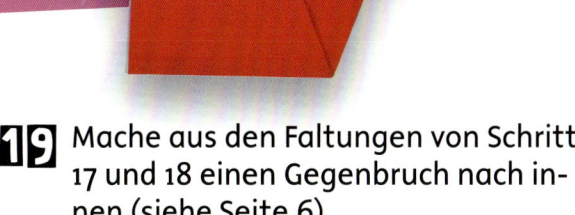

**19** Mache aus den Faltungen von Schritt 17 und 18 einen Gegenbruch nach innen (siehe Seite 6).

**21** Falte den Schwanz, indem du die rechte Spitze nach links faltest. Wiederhole den Schritt mit einer Bergfalte und falte sie wieder zurück.

**23** Öffne die Faltungen von Schritt 21 und 22 und falte den Schwanz mit einem Gegenbruch nach innen (siehe Seite 6).

ziehen

hier halten

**20** Die Figur sieht nun so aus. Falte die Spitze der Schnauze mit einer Talfalte nach rechts und dann mit einer Bergfalte nach hinten. Falte dann einen Gegenbruch nach außen (siehe Seite 6).

**22** Mache noch eine Talfalte, indem du die Spitze nach rechts faltest, wie gezeigt.

**24**
Male Augen, Nase und Ohr auf! Um deinen Hund bellen zu lassen, halte ihn an seinen vorderen Füßen fest und ziehe an seinem Schwanz: Sein Kopf nickt nach oben und nach unten (mache dazu Hundegeräusche).

# Froschkönig

Falte diesen Frosch und schau, was passiert, wenn du ihn küsst – vielleicht verwandelt er sich in einen hübschen Prinzen?

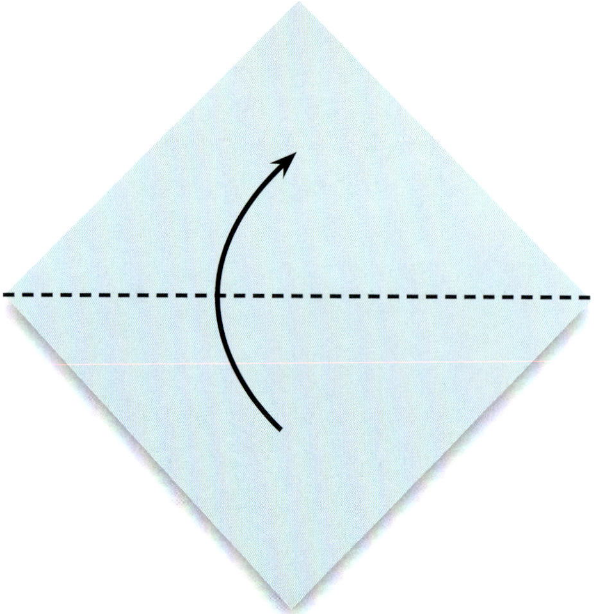

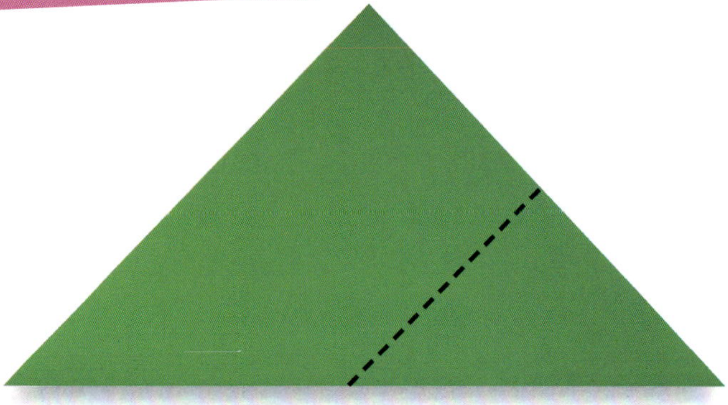

**2** Falte die rechte Ecke mit einer Talfalte diagonal nach oben.

**1** Lege das Papier wie abgebildet vor dich hin und falte es mit einer Talfalte in der Mitte von unten nach oben.

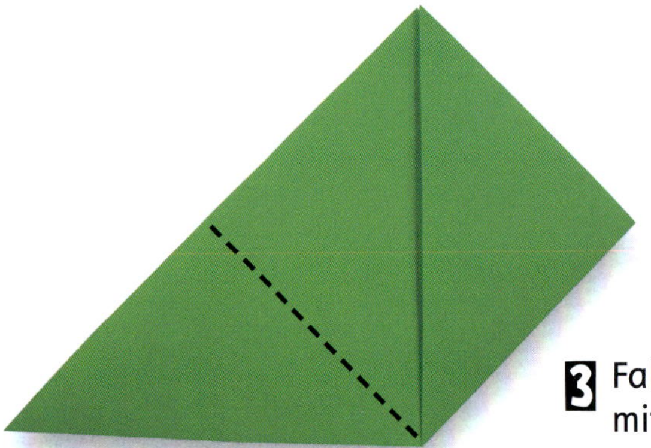

**3** Falte die linke Ecke mit einer Talfalte diagonal nach oben.

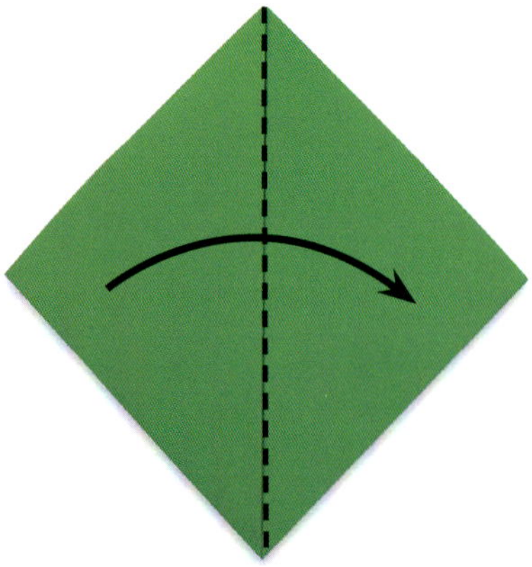

**4** Falte das Papier in der Mitte mit einer Talfalte von links nach rechts.

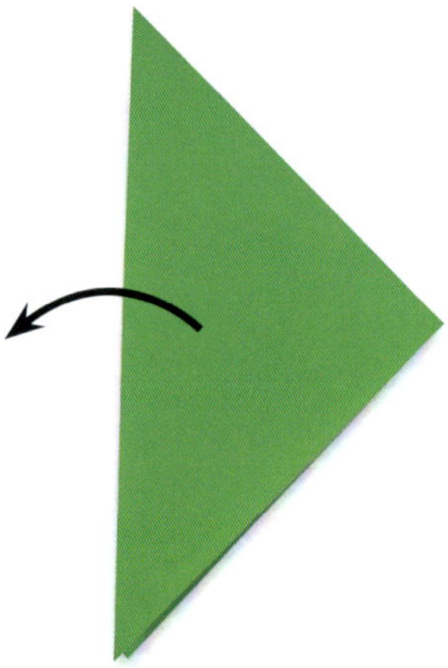

**5** Entfalte es wieder.

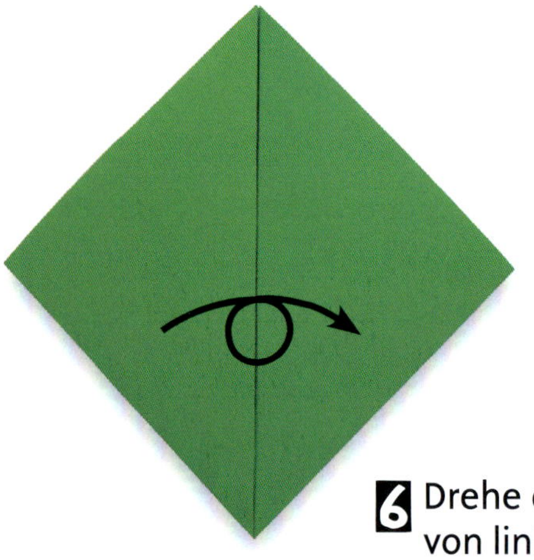

**6** Drehe das Papier von links nach rechts.

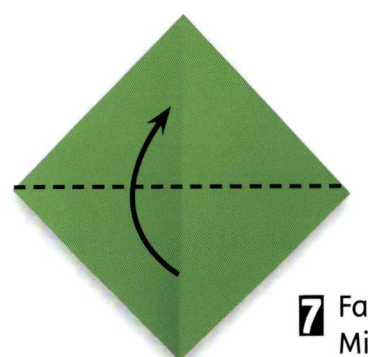

**7** Falte es in der Mitte mit einer Talfalte von unten nach oben.

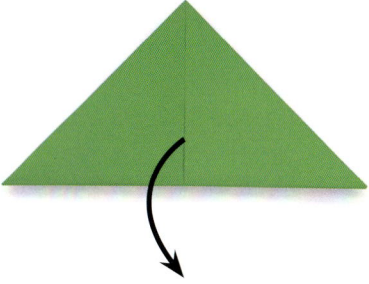

**8** Entfalte das Papier wieder.

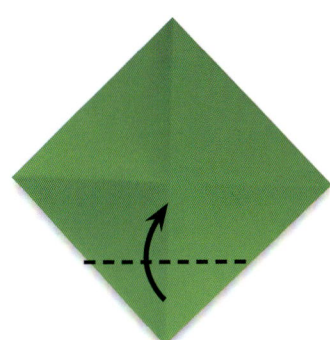

**9** Falte die untere Spitze mit einer Talfalte zur Mittellinie.

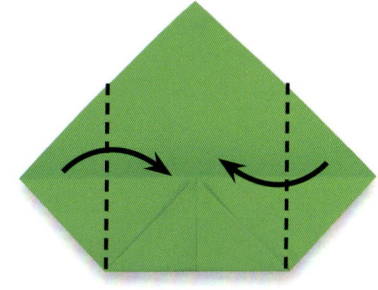

**10** Wiederhole Schritt 9 auf der linken und rechten Seite.

**11** Falte die obere rechte Kante mit einer Talfalte nach unten zur Mittellinie, wie gezeigt.

**12** Das Papier sieht jetzt so aus. Entfalte die letzte Faltung wieder.

**13** Wiederhole Schritt 11 auf der linken Seite.

**14** Entfalte den letzten Schritt wieder.

**15** Falte die rechte Spitze in der Mitte mit einer Talfalte zur rechten Seite.

**16** Wiederhole den Schritt mit der linken Spitze.

**17** Das Papier sieht jetzt so aus. Drehe es von der linken auf die rechte Seite.

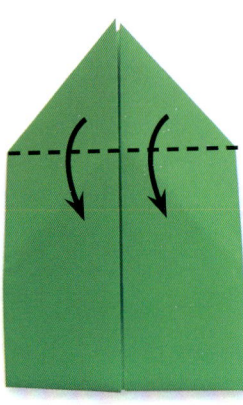

**18** Falte die oberen beiden Spitzen der oberen Lage mit einer Talfalte nach unten.

**19** Falte die rechte Spitze mit einer Talfalte diagonal nach oben.

**20** Falte die rechte Spitze des entstandenen Dreiecks mit einer Talfalte zurück zur Mitte.

**21** Falte erneut die obere Ecke mit einer Talfalte diagonal nach unten.

öffnen

**22** Öffne das in Schritt 21 entstandene Dreieck.

**23** Jetzt sieht das Papier so aus. Drücke das Dreieck nach unten.

**24** Falte die obere Lage nach oben, damit ein Auge entsteht.

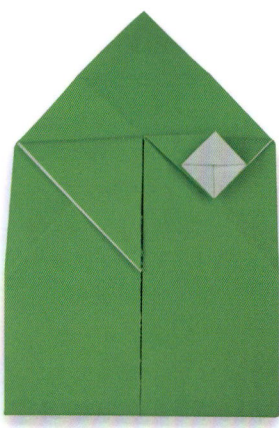

**25** Wiederhole jetzt die Schritte 19 bis 24 auf der linken Seite für das zweite Auge.

**26** Das Papier sieht jetzt so aus. Drehe es von der rechten auf die linke Seite um.

**27** Mache in das untere Dreieck eine diagonale Talfalte von rechts nach unten, wie gezeigt.

**28** Entfalte die Faltung, die du in Schritt 27 gemacht hast, und wiederhole den Schritt auf der linken Seite.

# Froschkönig (Fortsetzung)

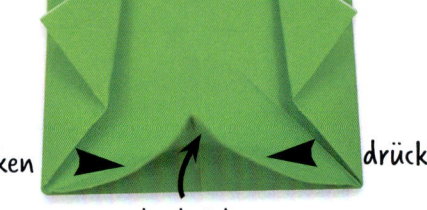

drücken ◄     ► drücken

↑ hochziehen

**29** Das Papier sieht jetzt so aus. Entfalte die Faltung von Schritt 28.

**30** Ziehe die Spitze des unteren Dreiecks nach oben. Nimm die Spitze zwischen Daumen und Zeigefinger und drücke die Faltungen aus Schritt 27 und 28 zusammen, sodass die Füße entstehen.

**32** Nimm die Spitze, die nach oben zeigt und biege sie ebenfalls nach unten. Falte die Augen nach oben.

**31** Falte für den Mund die obere Ecke der oberen Lage nach unten, aber knicke sie nicht. Biege die Ecke leicht nach oben. Das ist die untere Hälfte des Mundes.

**33** Damit sich der Mund deines Frosches bewegt, drücke einfach seine Seiten zusammen.

drücken ►     ◄ drücken